New!
완전 소중한 말씀

시편 · 잠언

펴낸이 · 김수곤
디자인 · 이소연
마케팅 · 기태훈 · 김한희
편 집 · 노수정 · 김종인
펴낸곳 · 선교횃불ccm2u
등록일 · 1999년 9월 21일 / 제54호
주 소 · 서울시 송파구 백제고분로 27길 12
전 화 · 02)2203-2739
팩 스 · 02)2203-2738

홈페이지 · www.ccm2u.com
선교횃불은 교회(단체)맞춤찬양집 전문출판사입니다

일러스트 · 전인숙

· 파본은 교환해드립니다.
· 이 출판물은 저작권법에 의해 보호를 받는 저작물이므로
  무단전재와 무단복제를 금합니다.

시편 + 잠언

New!
완전 소중한 말씀

말씀묵상과 영어공부를 한번에 OK

365 묵상

일러스트 · 전인숙

완전하신 사랑의 말씀으로
하루하루를 **소중하게** 살아가기를 원하는

_____ 님에게

이 책을 드립니다.

December 31

여호와께서는 자기 백성을 기뻐하시며 겸손한 자를 구원으로 아름답게 하심이로다
(시 149:4)

For the LORD takes delight in his people; he crowns the humble with salvation
(Ps 149:4)

delight [dɪlaɪt] (큰)기쁨　**humble** [hʌmbl] 겸손한

December 30

할렐루야 그의 성소에서 하나님을 찬양하며 그의 권능의 궁창에서 그를 찬양할지어다
(시 150:1)

Praise the LORD. Praise God in his sanctuary; praise him in his mighty heavens.
(Ps 150:1)

sanctuary [sæŋktʃueri] 성역, 지성소 **mighty [maɪti]** 강력한

하나님, 이제 영어로 말씀해주세요!

START

December 29

누가 현숙한 여인을 찾아 얻겠느냐
그의 값은 진주보다 더 하니라
(잠 31:10)

A wife of noble character who can find?
She is worth far more than rubies.
(Pr 31:10)

noble [nóubl] 고귀한, 값비싼 **worth** [wə:rθ] 가치있는

January 01

여호와를 경외하는 것이
지식의 근본이거늘 미련한 자는
지혜와 훈계를 멸시하느니라
(잠 1:7)

The fear of the LORD is the beginning of knowledge, but fools despise wisdom and discipline.
(Pr 1:7)

despise [dispáiz] 멸시하다   **discipline** [dísəplin] 훈련, 훈계

December 28

여호와는 자기를 경외하는 자들과
그의 인자하심을 바라는 자들을
기뻐하시는도다
(시 147:11)

The LORD delights in those who fear him,
who put their hope in his unfailing love.
(Ps 147:11)

delight [diláit] 기쁨　**unfailing [ʌnféiliŋ]** 기대에 어긋나지 않는

January 02

복 있는 사람은 악인들의 꾀를 따르지 아니하며 죄인들의 길에 서지 아니하며 오만한 자들의 자리에 앉지 아니하고
(시 1:1)

Blessed is the man who does not walk in the counsel of the wicked or stand in the way of sinners or sit in the seat of mockers.
(Ps 1:1)

counsel [káunsəl] 상담, 조언   **mocker** [mákər] 놀리는 사람

December 27

스스로 깨끗한 자로 여기면서도
자기의 더러운 것을 씻지 아니하는
무리가 있느니라
(잠 30:12)

Those who are pure in their own eyes and
yet are not cleansed of their filth.
(Pr 30:12)

cleanse [klenz] ~의 죄를 씻어주다, 깨끗이 되다, 정화하다 **filth** [filθ] 오물, 쓰레기

January 03

내 아들아 네 아비의 훈계를 들으며
네 어미의 법을 떠나지 말라
(잠 1:8)

Listen, my son, to your father's instruction and do not forsake your mother's teaching.
(Pr 1:8)

instruction [instrʌkʃən] 교훈   **forsake** [fərséik] 저버리다

December 26

여호와께서는 그 모든 행위에
의로우시며 그 모든 일에
은혜로우시도다
(시 145:17)

The LORD is righteous in all his ways and
loving toward all he has made.
(Ps 145:17)

toward [tɔːrd, təwɔ́ːd] ~에 대한, 향해서 **made** [meid] 만든

January 04

오직 여호와의 율법을 즐거워하여 그의 율법을 주야로 묵상하는도다
(시 1:2)

But his delight is in the law of the LORD, and on his law he meditates day and night.
(Ps 1:2)

meditate [ˈmedɪteɪt] 묵상하다   **day and night** 밤낮으로

December 25

하나님의 말씀은 다 순전하며
하나님은 그를 의지하는 자의
방패시니라

(잠 30:5)

Every word of God is flawless; he is a shield to those who take refuge in him.
(Pr 30:5)

flawless [flɔ́:lis] 흠없는 **shield** [ʃi:ld] 보호하다, 방패

January 05

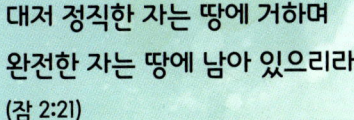

대저 정직한 자는 땅에 거하며
완전한 자는 땅에 남아 있으리라
(잠 2:21)

For the upright will live in the land, and the blameless will remain in it.
(Pr 2:21)

blameles [bleɪmləs] 떳떳한, 책임이 없는 **remain** [rɪmeɪn] 남다, 남아 있다

December 24

여호와께서는 모든 넘어지는 자들을 붙드시며 비굴한 자들을 일으키시는도다
(시 145:14)

The LORD upholds all those who fall and lifts up all who are bowed down.
(Ps 145:14)

uphold [ʌphóuld] 지키다, 확정하다 **lift** [lift] 들어올리다

January 06

그는 시냇가에 심은 나무가 철을 따라 열매를 맺으며 그 잎사귀가 마르지 아니함 같으니 그가 하는 모든 일이 다 형통하리로다
(시 1:3)

He is like a tree planted by streams of water, which yields its fruit in season and whose leaf does not wither. Whatever he does prospers.
(Ps 1:3)

stream [stri:m] 시내 **wither** [wíðər] 시들다, 쇠퇴하다, 말라죽다 **prosper** [práspər] 번영하다

December 23

불의한 자는 의인에게 미움을 받고
바르게 행하는 자는 악인에게
미움을 받느니라
(잠 29:27)

The righteous detest the dishonest; the wicked detest the upright.
(Pr 29:27)

detest [ditést] 미워하다, 몹시 싫어하다 **dishonest** [disánist] 부정직한, 부정한

January 07

너희 어리석은 자들은 어리석음을 좋아하며 거만한 자들은 거만을 기뻐하며 미련한 자들은 지식을 미워하니 어느 때까지 하겠느냐
(잠 1:22)

How long will you simple ones love your simple ways? How long will mockers delight in mockery and fools hate knowledge?
(Pr 1:22)

simple [símpl] 가난한, 어리석은　**mockery [mákəri]** 조롱

December 22

하나님이여 내가 주께 새 노래로
노래하며 열 줄 비파로
주를 찬양하리이다
(시 144:9)

I will sing a new song to you, O God; on the ten-stringed lyre I will make music to you.
(Ps 144:9)

stringed [strɪŋd] 현이 있는 **lyre** [laɪər] 수금

January 08

악인들은 그렇지 아니함이여
오직 바람에 나는 겨와 같도다
(시 1:4)

Not so the wicked! They are like chaff that the wind blows away.
(Ps 1:4)

chaff [tʃæf] 겨 **blow away** ~을 불어 움직이다, 날려버리다

December 21

주권자에게 은혜를 구하는 자가
많으나 사람의 일의 작정은
여호와께로 말미암느니라
(잠 29:26)

Many seek an audience with a ruler, but it is from the LORD that man gets justice.
(Pr 29:26)

audience [ɔ́ːdiəns] 관객, 관중　**ruler** [rúːlər] 통치자, 지배자

January 09

그러므로 악인들은 심판을 견디지 못하며 죄인들이 의인들의 모임에 들지 못하리로다
(시 1:5)

Therefore the wicked will not stand
in the judgment, nor sinners in the assembly
of the righteous.
(Ps 1:5)

judgment [dʒʌ́dʒmənt] 심판 **assembly** [əsémbli] 집회, 모임

December 20

여호와여 주의 이름을 위하여
나를 살리시고 주의 의로
내 영혼을 환난에서 끌어내소서
(시 143:11)

For your name's sake, O LORD, preserve my life; in your righteousness, bring me out of trouble.
(Ps 143:11)

preserve [prizə́ːrv] 보호하다, 지키다   **righteousness** [ráitʃəsnis] 정직, 고결

January 10

나의 책망을 듣고 돌이키라 보라
내가 나의 영을 너희에게 부어 주며
내 말을 너희에게 보이리라
(잠 1:23)

If you had responded to my rebuke,
I would have poured out my heart to you
and made my thoughts known to you.
(Pr 1:23)

rebuke [ribjúːk] 힐책(질책)하다, 꾸짖다 **pour** [pɔːr] 붓다, 따르다

December 19

사람을 두려워하면 올무에 걸리게 되거니와 여호와를 의지하는 자는 안전하리라
(잠 29:25)

Fear of man will prove to be a snare, but whoever trusts in the LORD is kept safe.
(Pr 29:25)

prove [pruːv] 증명하다, 입증하다 **snare** [snɛər] 덫, 함정

January 11

무릇 의인들의 길은 여호와께서 인정하시나 악인들의 길은 망하리로다
(시 1:6)

For the LORD watches over the way of the righteous, but the way of the wicked will perish.
(Ps 1:6)

righteous [ráitʃəs] (도덕적으로)옳은 **perish** [périʃ] 죽다, 멸망하다

December 18

내가 여호와께 말하기를
주는 나의 하나님이시니
여호와여 나의 간구하는 소리에
귀를 기울이소서 하였나이다
(시 140:6)

O LORD, I say to you, "You are my God."
Hear, O LORD, my cry for mercy.
(Ps 140:6)

cry [krai] 부르짖다, 울다   **mercy** [mə́ːrsi] 자비, 은총

January 12

어리석은 자의 퇴보는
자기를 죽이며 미련한 자의 안일은
자기를 멸망시키려니와
(잠 1:32)

For the waywardness of the simple will kill them, and the complacency of fools will destroy them;
(Pr 1:32)

waywardness [wéiwərdnis] 고집 센, 퇴보(하나님을 배반하고 죄악의 길로 되돌아가는 것)
complacency [kəmpléisnsi] 자기 안일, 자기 위안

December 17

사람이 교만하면 낮아지게 되겠고
마음이 겸손하면 영예를 얻으리라
(잠 29:23)

A man's pride brings him low, but a man of lowly spirit gains honor.
(Pr 29:23)

pride [praid] 자부심, 자랑, 교만 **honor** [ánər] 명예, 영광

January 13

내게 구하라 내가 이방 나라를
네 유업으로 주리니
네 소유가 땅 끝까지 이르리로다
(시 2:8)

Ask of me, and I will make the nations your inheritance, the ends of the earth your possession.
(Ps 2:8)

inheritance [inhérətəns] 상속   possession [pəzéʃən] 소유

December 16

나의 모든 길과 내가 눕는 것을
살펴 보셨으므로
나의 모든 행위를 익히 아시오니
(시 139:3)

You discern my going out and my lying down; you are familiar with all my ways.
(Ps 139:3)

discern [dɪsɜːrn] 식별하다, 분간하다 **familiar** [fəmíljər] 익숙한, 친숙한

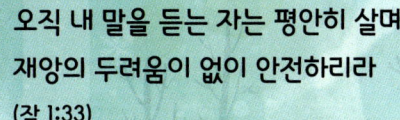

January 14

오직 내 말을 듣는 자는 평안히 살며 재앙의 두려움이 없이 안전하리라
(잠 1:33)

But whoever listens to me will live in safety and be at ease, without fear of harm.
(Pr 1:33)

whoever [huːévər] ~하는 사람은 누구나   **without** [wiðáut, wiθáut] ~없이, ~하지 않고

December 15

네 자식을 징계하라
그리하면 그가 너를 평안하게 하겠고
또 네 마음에 기쁨을 주리라
(잠 29:17)

Discipline your son, and he will give you peace; he will bring delight to your soul.
(Pr 29:17)

discipline [dísəplin] 훈련, 훈육 **peace** [piːs] 평화, 평온(함)

January 15

**여호와여 일어나소서
나의 하나님이여 나를 구원하소서
주께서 나의 모든 원수의 뺨을
치시며 악인의 이를 꺾으셨나이다**
(시 3:7)

Arise, O LORD! Deliver me, O my God! Strike all my enemies on the jaw; break the teeth of the wicked.
(Ps 3:7)

enemy [énəmi] 적   jaw [dʒɔː] 턱

December 14

어리석은 자는 자기의 노를 다 드러내어도 지혜로운 자는 그것을 억제하느니라
(잠 29:11)

A fool gives full vent to his anger, but a wise man keeps himself under control.
(Pr 29:11)

vent [vent] (감정·분통을)터뜨리다, 발산하다 **control [kəntróul]** 통제하다, 조절하다

January 16

그런즉 네가 공의와 정의와 정직 곧 모든 선한 길을 깨달을 것이라
(잠 2:9)

Then you will understand what is right and just and fair - every good path.
(Pr 2:9)

understand [ʌndərstǽnd] 이해하다   **path** [pæθ] 길, 경로, 방향

December 13

주께서 내가 앉고 일어섬을 아시고
멀리서도
나의 생각을 밝히 아시오며
(시 139:2)

You know when I sit and when I rise; you perceive my thoughts from afar.
(Ps 139:2)

perceive [pərsíːv] 인식하다, 인지하다 **thought** [θɔːt] 생각, 사고 **afar** [əfάːr] 멀리서, 멀리에

January 17

내가 평안히 눕고 자기도 하리니
나를 안전히 살게 하시는 이는
오직 여호와이시니이다
(시 4:8)

I will lie down and sleep in peace, for you alone, O LORD, make me dwell in safety.
(Ps 4:8)

alone [əlóun] 혼자, 홀로, 단지 ~뿐 **dwell** [dwel] ~에 살다, 머무르다

December 12

**거만한 자는 성읍을 요란하게 하여도
슬기로운 자는 노를 그치게 하느니라**
(잠 29:8)

Mockers stir up a city, but wise men turn away anger.
(Pr 29:8)

stir [stəːr] 일으키다, 돋우다, 선동하다 **anger** [ǽŋgər] 분노, 화

January 18

곧 지혜가 네 마음에 들어가며
지식이 네 영혼을 즐겁게 할 것이요
(잠 2:10)

For wisdom will enter your heart, and knowledge will be pleasant to your soul.
(Pr 2:10)

pleasant [plézənt] 즐거운   **soul** [soul] 영혼

December 11

여호와께서 나를 위하여 보상해 주시리이다 여호와여 주의 인자하심이 영원하오니 주의 손으로 지으신 것을 버리지 마옵소서
(시 138:8)

The LORD will fulfill his purpose for me; your love, O LORD, endures forever - do not abandon the works of your hands.
(Ps 138:8)

purpose [pɜ:rpəs] 목적, 목표 **abandon** [əbǽndən] 버리다, 포기하다

January 19

오직 나는 주의 풍성한
사랑을 힘입어 주의 집에 들어가
주를 경외함으로 성전을 향하여
예배하리이다
(시 5:7)

But I, by your great mercy, will come into
your house; in reverence will I bow down
toward your holy temple.
(Ps 5:7)

mercy [mə́ːrsi] 자비(보통 a mercy), 하나님의 은총 **reverence** [révərəns] 경외, 존경, 숭배

December 10

자주 책망을 받으면서도 목이 곧은 사람은 갑자기 패망을 당하고 피하지 못하리라
(잠 29:1)

A man who remains stiff-necked after many rebukes will suddenly be destroyed - without remedy.
(Pr 29:1)

stiff [stif] 뻣뻣한, 굳은 **destroy** [distrɔ́i] 파괴하다, 멸망시키다 **remedy** [rémədi] 구제·치료하다

January 20

여호와여 나의 원수들로 말미암아
주의 의로 나를 인도하시고
주의 길을 내 목전에 곧게 하소서
(시 5:8)

Lead me, O LORD, in your righteousness because of my enemies - make straight your way before me.
(Ps 5:8)

straight [streit] 곧은, 곧장, 똑바로, 똑바른, (목표를 향해서)곧장 가는

December 09

내가 주께 감사하옴은 나를 지으심이 심히 기묘하심이라 주께서 하시는 일이 기이함을 내 영혼이 잘 아나이다
(시 139:14)

I praise you because I am fearfully and wonderfully made; your works are wonderful, I know that full well.
(Ps 139:14)

fearfully [fíərfəli] 몹시, 굉장히, 무서워하며 **wonderful** [wʌ́ndərfəl] 멋진, 놀라운, 불가사의한

January 21

그는 정직한 자를 위하여 완전한 지혜를 예비하시며 행실이 온전한 자에게 방패가 되시나니
(잠 2:7)

He holds victory in store for the upright, he is a shield to those whose walk is blameless.
(Pr 2:7)

hold [hould] 유지하다, 잡다, 기다리다 **in store (for sb.)** (~에게)닥쳐올(예비된)

December 08

악인은 정의를 깨닫지 못하나 여호와를 찾는 자는 모든 것을 깨닫느니라
(잠 28:5)

Evil men do not understand justice, but those who seek the LORD understand it fully.
(Pr 28:5)

evil [íːvəl] 악, 나쁜 **seek** [siːk] 찾다, 모색하다 **fully** [fúlli] 완전히, 충분히, 온전히

January 22

지혜로운 자는 영광을 기업으로 받거니와 미련한 자의 영달함은 수치가 되느니라
(잠 3:35)

The wise inherit honor, but fools he holds up to shame.
(Pr 3:35)

inherit [ɪnhɛrɪt] 물려받다, 상속하다   **shame** [ʃeɪm] 수치심, 창피

December 07

내가 환난 중에 다닐지라도 주께서 나를 살아나게 하시고 주의 손을 펴사 내 원수들의 분노를 막으시며 주의 오른손이 나를 구원하시리이다
(시 138:7)

Though I walk in the midst of trouble, you preserve my life; you stretch out your hand against the anger of my foes, with your right hand you save me.
(Ps 138:7)

midst [mɪdst] 중앙, ~하는 중에 있다, 한창때, 한가운데　**preserve** [prɪzɜ́:rv] 지키다, 보존하다

January 23

악을 행하는 너희는 다 나를 떠나라
여호와께서 내 울음 소리를 들으셨도다
(시 6:8)

Away from me, all you who do evil, for the
LORD has heard my weeping.
(Ps 6:8)

evil [íːvəl] 악, 나쁜 **weeping** [wíːpiŋ] 우는, 울음

December 06

율법을 버린 자는 악인을 칭찬하나 율법을 지키는 자는 악인을 대적하느니라
(잠 28:4)

Those who forsake the law praise the wicked, but those who keep the law resist them.
(Pr 28:4)

forsake [fərséik] 저버리다, 버리다, 그만두다 **resist** [rizíst] 저항하다, 반대하다

January 24

**여호와께서 내 간구를 들으셨음이여
여호와께서 내 기도를 받으시리로다**
(시 6:9)

The LORD has heard my cry for mercy;
the LORD accepts my prayer.
(Ps 6:9)

mercy [mə́ːrsi] 자비, 은총 **accept [æksépt]** 받아들이다, 수락하다

December 05

내가 알거니와 여호와께서는 위대하시며 우리 주는 모든 신들보다 위대하시도다
(시 135:5)

I know that the LORD is great, that our Lord is greater than all gods.
(Ps 135:5)

greater [gréitər] 더, ~보다 큰

January 25

그의 지식으로 깊은 바다를 갈라지게 하셨으며 공중에서 이슬이 내리게 하셨느니라
(잠 3:20)

By his knowledge the deeps were divided, and the clouds let drop the dew.
(Pr 3:20)

knowledge [nálidʒ] 지식, 인지 **divide** [diváid] 나누다, 분리하다, 가르다
dew [djuː] 이슬, (이슬 같은)물방울

December 04

악인은 쫓아오는 자가 없어도 도망하나 의인은 사자 같이 담대하니라
(잠 28:1)

The wicked man flees though no one pursues, but the righteous are as bold as a lion.
(Pr 28:1)

flee [fliː] 도망치다, 사라지다 **pursue [pərsúː]** 뒤쫓다, 추구하다 **bold [bould]** 대담한, 용감한

January 26

내가 여호와께 그의 의를 따라 감사함이여 지존하신 여호와의 이름을 찬양하리로다
(시 7:17)

I will give thanks to the LORD because of his righteousness and will sing praise to the name of the LORD Most High.
(Ps 7:17)

righteousness [ráitʃəsnis] 정직, 고결, 정의 **praise [preiz]** 찬송, 찬양(하다)

December 03

**여호와를 찬송하라
여호와는 선하시며 그의 이름이
아름다우니 그의 이름을 찬양하라**
(시 135:3)

Praise the LORD, for the LORD is good;
sing praise to his name, for that is
pleasant.
(Ps 135:3)

pleasant [plézənt] 즐거운, 좋은, 상냥한 **praise [preiz]** 칭찬, 찬양(하다)

January 27

그러나 악인은 땅에서 끊어지겠고
간사한 자는 땅에서 뽑히리라
(잠 2:22)

But the wicked will be cut off from the land,
and the unfaithful will be torn from it.
(Pr 2:22)

cut off ~을 자르다, ~을 차단하다 **torn** [tɔːrn] (tear의 과거분사) 찢다, 뜯다, 빼내다

December 02

철이 철을 날카롭게 하는 것 같이
사람이 그의 친구의 얼굴을
빛나게 하느니라
(잠 27:17)

As iron sharpens iron, so one man
sharpens another.
(Pr 27:17)

iron [áiərn] 철, 쇠 **sharpen** [ʃɑ́:rpən] 날카롭게(선명하게)하다, 갈고 닦다

January 28

여호와 우리 주여 주의 이름이
온 땅에 어찌 그리 아름다운지요
주의 영광이 하늘을 덮었나이다
(시 8:1)

O LORD, our Lord, how majestic is your name in all the earth! You have set your glory above the heavens.
(Ps 8:1)

majestic [mədʒestɪk] 위엄 있는 **above** [əbʌv] ~위에

December 01

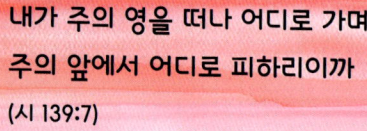

내가 주의 영을 떠나 어디로 가며
주의 앞에서 어디로 피하리이까
(시 139:7)

Where can I go from your Spirit? Where can I flee from your presence?
(Ps 139:7)

spirit [spɪrɪt] 정신, 영혼 **presence [prezns]** (특정한 곳에)있음, 존재(함), 참석
flee [fliː] 피하다, 도망치다

January 29

내 아들아 나의 법을 잊어버리지 말고
네 마음으로 나의 명령을 지키라
(잠 3:1)

My son, do not forget my teaching,
but keep my commands in your heart.
(Pr 3:1)

forget [fərgét] 잊다 **command** [kəmǽnd] 명령(하다)

November 30

슬기로운 자는 재앙을 보면 숨어 피하여도 어리석은 자들은 나가다가 해를 받느니라
(잠 27:12)

The prudent see danger and take refuge, but the simple keep going and suffer for it.
(Pr 27:12)

prudent [prú:dnt] 신중한, 분별 있는 **suffer** [sʌ́fər] 고통을 받다, 고생하다

January 30

그리하면 그것이 네가 장수하여
많은 해를 누리게 하며
평강을 더하게 하리라
(잠 3:2)

For they will prolong your life many years and bring you prosperity.
(Pr 3:2)

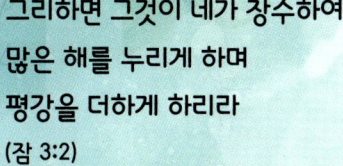

prolong [prəlɔ́ːŋ] 늘이다, 연장하다   prosperity [prɑspérəti] 번영, 호황

November 29

주여 내 소리를 들으시며
나의 부르짖는 소리에
귀를 기울이소서
(시 130:2)

O Lord, hear my voice. Let your ears be attentive to my cry for mercy.
(Ps 130:2)

attentive [əténtiv] 경청하는, 주의 깊은 **mercy** [mə́ːrsi] 자비, 은총

January 31

주의 손가락으로 만드신 주의 하늘과 주께서 베풀어 두신 달과 별들을 내가 보오니
(시 8:3)

When I consider your heavens, the work of your fingers, the moon and the stars, which you have set in place,
(Ps 8:3)

consider [kənsídər] 숙고하다, 생각하다 **heaven** [hévən] 하늘, 천국

November 28

기름과 향이 사람의 마음을 즐겁게 하나니 친구의 충성된 권고가 이와 같이 아름다우니라
(잠 27:9)

Perfume and incense bring joy to the heart, and the pleasantness of one's friend springs from his earnest counsel.
(Pr 27:9)

bring [brɪŋ] 가져오다, 야기하다 **earnest** [3:rnɪst] 진심어린, 성실한, 진지한

February 01

사람이 무엇이기에 주께서 그를 생각하시며 인자가 무엇이기에 주께서 그를 돌보시나이까
(시 8:4)

What is man that you are mindful of him, the son of man that you care for him?
(Ps 8:4)

mindful [máindfəl] 신경을 쓰는, 염두에 두는

November 27

네 집 안방에 있는 네 아내는 결실한 포도나무 같으며 네 식탁에 둘러 앉은 자식들은 어린 감람나무 같으리로다
(시 128:3)

Your wife will be like a fruitful vine within your house; your sons will be like olive shoots around your table.
(Ps 128:3)

fruitful [fruːtfl] 결실 있는, 보람 있는, 유익한 **vine** [vaɪn] 포도나무, 덩굴 식물

February 02

인자와 진리가 네게서 떠나지 말게 하고 그것을 네 목에 매며 네 마음판에 새기라
(잠 3:3)

Let love and faithfulness never leave you; bind them around your neck, write them on the tablet of your heart.
(Pr 3:3)

bind [baind] 묶다, 매다, 감다   **tablet** [tǽblit] 판, 메모장

November 26

타인이 너를 칭찬하게 하고 네 입으로는 하지 말며 외인이 너를 칭찬하게 하고 네 입술로는 하지 말지니라
(잠 27:2)

Let another praise you, and not your own mouth; someone else, and not your own lips.
(Pr 27:2)

mouth [mauθ] 입 **lip [lip]** 입술

February 03

내가 전심으로 여호와께 감사하오며
주의 모든 기이한 일들을 전하리이다
(시 9:1)

I will praise you, O LORD, with all my heart; I will tell of all your wonders.
(Ps 9:1)

praise [preiz] 찬양(하다)   **wonder** [wʌndər] 경이, 불가사의한(놀라운) 일

November 25

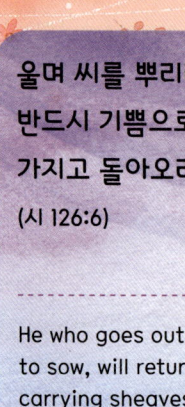

울며 씨를 뿌리러 나가는 자는 반드시 기쁨으로 그 곡식 단을 가지고 돌아오리로다
(시 126:6)

He who goes out weeping, carrying seed to sow, will return with songs of joy, carrying sheaves with him.
(Ps 126:6)

weeping [wiːpiŋ] 눈물을 흘리는 **sheave** [ʃiːv] (곡식 등을) 다발로 묶다

February 04

너는 마음을 다하여 여호와를 신뢰하고 네 명철을 의지하지 말라
(잠 3:5)

Trust in the LORD with all your heart and lean not on your own understanding.
(Pr 3:5)

lean [liːn] 기대다, 의지하다 **understanding [ʌndərstǽndiŋ]** 이해, 지식

November 24

너는 내일 일을 자랑하지 말라
하루 동안에 무슨 일이 일어날는지
네가 알 수 없음이니라
(잠 27:1)

Do not boast about tomorrow, for you do not know what a day may bring forth.
(Pr 27:1)

boast [boust] 자랑하다, 뽐내다 **forth** [fɔːrθ] 앞으로, 이후

February 05

여호와여 주의 이름을 아는 자는 주를 의지하오리니 이는 주를 찾는 자들을 버리지 아니하심이니이다
(시 9:10)

Those who know your name will trust in you, for you, LORD, have never forsaken those who seek you.
(Ps 9:10)

trust [trʌst] 신임, 신뢰(하다)　**forsake** [fərséik] 저버리다

November 23

여호와께서 너를 실족하지 아니하게 하시며 너를 지키시는 이가 졸지 아니하시리로다
(시 121:3)

He will not let your foot slip who watches over you will not slumber
(Ps 121:3)

slumber [fslʌmbə(r)] 잠시 졸다, 선잠

February 06

그를 높이라 그리하면 그가 너를 높이 들리라 만일 그를 품으면 그가 너를 영화롭게 하리라
(잠 4:8)

Esteem her, and she will exalt you;
embrace her, and she will honor you.
(Pr 4:8)

exalt [ɪgzɔːlt] (지위·명예 등을)높이다, 칭찬하다 **embrace** [ɪmbreɪs] 포옹하다, 받아들이다

November 22

거짓말 하는 자는 자기가 해한 자를 미워하고 아첨하는 입은 패망을 일으키느니라
(잠 26:28)

A lying tongue hates those it hurts, and a flattering mouth works ruin.
(Pr 26:28)

tongue [tʌŋ] 혀, 입   **flattering** [flǽtəriŋ] 아첨하는

February 07

여호와여 일어나옵소서 하나님이여
손을 드옵소서 가난한 자들을
잊지 마옵소서
(시 10:12)

Arise, LORD! Lift up your hand, O God.
Do not forget the helpless.
(Ps 10:12)

forget [fərgét] 잊다   **helpless** [hélplis] 가여운

November 21

여호와께서 집을 세우지 아니하시면 세우는 자의 수고가 헛되며 여호와께서 성을 지키지 아니하시면 파수꾼의 깨어 있음이 헛되도다
(시 127:1)

Unless the LORD builds the house, its builders labor in vain. Unless the LORD watches over the city, the watchmen stand guard in vain.
(Ps 127:1)

unless [ənles] ~하지 않는 한, ~한 경우 외에는 **labor** [léibər] 노동, 수고 **vain** [vein] 헛된

February 08

스스로 지혜롭게 여기지 말지어다
여호와를 경외하며 악을 떠날지어다
(잠 3:7)

Do not be wise in your own eyes;
fear the LORD and shun evil.
(Pr 3:7)

wise [waiz] 슬기로운, 지혜로운 **shun** [ʃʌn] 피하다, 멀리하다

November 20

함정을 파는 자는 그것에 빠질 것이요
돌을 굴리는 자는 도리어
그것에 치이리라
(잠 26:27)

If a man digs a pit, he will fall into it; if a man rolls a stone, it will roll back on him.
(Pr 26:27)

dig [dig] 파다, 파내다 **pit** [pit] 구덩이

February 09

여호와는 의로우사 의로운 일을
좋아하시나니 정직한 자는
그의 얼굴을 뵈오리로다
(시 11:7)

For the LORD is righteous, he loves
justice; upright men will see his face.
(Ps 11:7)

justice [dʒʌstis] 정의   **upright** [ʌpraɪt] 정직한, 곧은

November 19

우리의 영혼이 사냥꾼의 올무에서 벗어난 새 같이 되었나니 올무가 끊어지므로 우리가 벗어났도다
(시 124:7)

We have escaped like a bird out of the fowler's snare; the snare has been broken, and we have escaped.
(Ps 124:7)

escape [ɪskeɪp] 달아나다, 탈출하다, 벗어나다
fowler [fáulər] 새 사냥꾼 snare [sneə(r)] 덫, 유혹, 함정

February 10

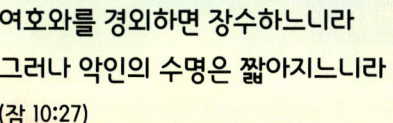

여호와를 경외하면 장수하느니라
그러나 악인의 수명은 짧아지느니라
(잠 10:27)

The fear of the LORD adds length to life,
but the years of the wicked are cut short.
(Pr 10:27)

fear [fir] 두려움, 걱정, (신에 대한)경외   **length [leŋθ]** 길이

November 18

길로 지나가다가 자기와 상관 없는 다툼을 간섭하는 자는 개의 귀를 잡는 자와 같으니라
(잠 26:17)

Like one who seizes a dog by the ears is a passer-by who meddles in a quarrel not his own.
(Pr 26:17)

seize [siːz] 잡다　**quarrel** [kwɔ́ːrəl] 싸우다, 다투다

February 11

그리하면 네 창고가 가득히 차고
네 포도즙 틀에 새 포도즙이 넘치리라
(잠 3:10)

Then your barns will be filled to
overflowing, and your vats will brim
over with new wine.
(Pr 3:10)

overflow [oʊvərfloʊ] 넘치다, 충만하다　**vat** [væt] 큰 통

November 17

낮의 해가 너를 상하게 하지 아니하며
밤의 달도 너를 해치지 아니하리로다
(시 121:6)

The sun will not harm you by day, nor the moon by night.
(Ps 121:6)

harm [ha:rm] 해치다, 훼손하다

February 12

여호와의 말씀은 순결함이여
흙 도가니에 일곱 번
단련한 은 같도다
(시 12:6)

And the words of the LORD are flawless, like silver refined in a furnace of clay, purified seven times.
(Ps 12:6)

flawless [flɔ́:lis] 흠없는 **refine** [rifáin] 정제하다, ~을 세련되게 하다

November 16

게으른 자는 사리에 맞게 대답하는 사람 일곱보다 자기를 지혜롭게 여기느니라
(잠 26:16)

The sluggard is wiser in his own eyes than seven men who answer discreetly.
(Pr 26:16)

discreetly [diskríːtli] 신중히, 조심스럽게

February 13

내 아들아
여호와의 징계를 경히 여기지 말라
그 꾸지람을 싫어하지 말라
(잠 3:11)

My son, do not despise the LORD's
discipline and do not resent his rebuke.
(Pr 3:11)

despise [dispáiz] 경멸하다 **discipline** [dísəplin] 훈련, 징계, 규율

November 15

여호와는 너를 지키시는 이시라
여호와께서 네 오른쪽에서
네 그늘이 되시나니
(시 121:5)

The LORD watches over you - the LORD is your shade at your right hand.
(Ps 121:5)

watch [watʃ] 보다, 관람하다, 지켜보다, 시계, 감시하다 **shade [ʃeid]** 그늘, 명암, 그림자

February 14

나는 오직 주의 사랑을 의지하였사오니
나의 마음은 주의 구원을 기뻐하리이다
(시 13:5)

But I trust in your unfailing love;
my heart rejoices in your salvation.
(Ps 13:5)

salvation [sælvéiʃən] (죄와 벌로부터의)구원

November 14

게으른 자는 그 손을 그릇에 넣고도
입으로 올리기를 괴로워하느니라
(잠 26:15)

The sluggard buries his hand in the dish;
he is too lazy to bring it back to his
mouth.
(Pr 26:15)

bury [béri] ~을 (땅에)파묻다, ~을 묻어두다

February 15

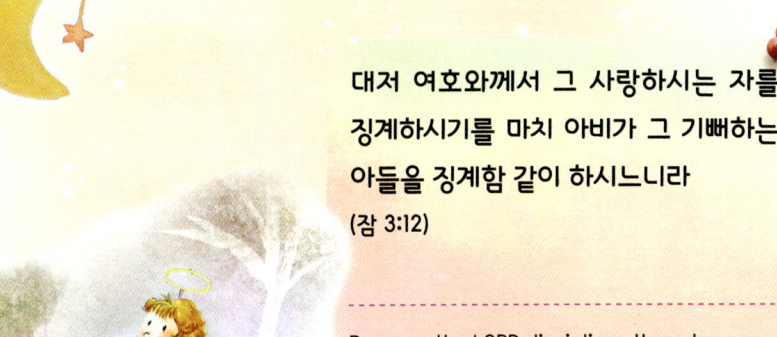

대저 여호와께서 그 사랑하시는 자를 징계하시기를 마치 아비가 그 기뻐하는 아들을 징계함 같이 하시느니라
(잠 3:12)

Because the LORD disciplines those he loves, as a father the son he delights in.
(Pr 3:12)

delight [diláit] 기쁨

November 13

내가 주의 법도들을 택하였사오니 주의 손이 항상 나의 도움이 되게 하소서
(시 119:173)

May your hand be ready to help me, for I have chosen your precepts.
(Ps 119:173)

chosen [tʃóuzn] 선택된, 선발된 **precepts** [príːsept] 교훈, 가르침

February 16

내가 여호와를 찬송하리니 이는 주께서 내게 은덕을 베푸심이로다
(시 13:6)

I will sing to the LORD, for he has been good to me.
(Ps 13:6)

good [gud] 좋은, 친절한, 충분한

November 12

문짝이 돌쩌귀를 따라서 도는 것 같이 게으른 자는 침상에서 도느니라
(잠 26:14)

As a door turns on its hinges, so a sluggard turns on his bed.
(Pr 26:14)

hinges [hindʒ] (문 등의)경첩 **sluggard [slʌgərd]** 게으름뱅이, 게으른

February 17

그의 능하신 행동을 찬양하며
그의 지극히 위대하심을 따라
찬양할지어다
(시 150:2)

Praise him for his acts of power; praise him for his surpassing greatness.
(Ps 150:2)

surpassing [sərpǽsiŋ] 출중한, 뛰어난 **greatness** [gréitnis] 위대함, 탁월함, 절대 적임

November 11

여호와여 주의 율례들의 도를
내게 가르치소서
내가 끝까지 지키리이다
(시 119:33)

Teach me, O LORD, to follow your decrees;
then I will keep them to the end.
(Ps 119:33)

decree [dikríː] 법령, 명령

February 18

이는 지혜를 얻는 것이
은을 얻는 것보다 낫고
그 이익이 정금보다 나음이니라
(잠 3:14)

For she is more profitable than silver and yields better returns than gold.
(Pr 3:14)

profitable [práfitəbl] 이익이 되는   **yield** [ji:ld] 이익을 내다, 이익

November 10

네가 스스로 지혜롭게 여기는 자를
보느냐 그보다 미련한 자에게
오히려 희망이 있느니라

(잠 26:12)

Do you see a man wise in his own eyes?
There is more hope for a fool than for
him.
(Pr 26:12)

wise [waiz] 슬기로운, 지혜로운 **fool** [fuːl] 바보, 어리석은

February 19

내가 여호와께 아뢰되 주는 나의 주님이시오니 주 밖에는 나의 복이 없다 하였나이다
(시 16:2)

I said to the LORD, " You are my Lord; apart from you I have no good thing."
(Ps 16:2)

apart [əpɑːrt] 떨어져, 따로, 헤어져

November 09

내가 주의 법을
어찌 그리 사랑하는지요
내가 그것을 종일 작은 소리로
읊조리나이다
(시 119:97)

Oh, how I love your law! I meditate on it all day long.
(Ps 119:97)

law [lɔ:] (한 국가·사회의)법 **meditate** [medɪteɪt] 명상하다

February 20

지혜는 진주보다 귀하니 네가 사모하는 모든 것으로도 이에 비교할 수 없도다
(잠 3:15)

She is more precious than rubies;
nothing you desire can compare with her.
(Pr 3:15)

precious [préʃəs] 귀중한 **compare** [kəmpéər] 비교하다, 비유하다, 필적하다

November 08

개가 그 토한 것을 도로 먹는 것
같이 미련한 자는 그 미련한 것을
거듭 행하느니라
(잠 26:11)

As a dog returns to its vomit, so a fool repeats his folly.
(Pr 26:11)

vomit [vámit] 토하다, 게우다 **repeat** [ripíːt] 복창하다, ~을 되풀이하다

February 21

여호와는 나의 산업과 나의 잔의 소득이시니 나의 분깃을 지키시나이다
(시 16:5)

LORD, you have assigned me my portion and my cup; you have made my lot secure.
(Ps 16:5)

assign [əsáin] 맡기다, 부여하다 **portion** [pɔ́ːrʃən] 몫, 분깃

November 07

여호와의 증거들을 지키고 전심으로 여호와를 구하는 자는 복이 있도다
(시 119:2)

Blessed are they who keep his statutes and seek him with all their heart.
(Ps 119:2)

statute [stǽtʃuːt] 법규, 법령 **seek** [siːk] 찾다, 구하다

February 22

**지혜는 그 얻은 자에게 생명 나무라
지혜를 가진 자는 복되도다**
(잠 3:18)

She is a tree of life to those who embrace her; those who lay hold of her will be blessed.
(Pr 3:18)

embrace [imbréis] 포옹하다, 받아들이다   **blessed** [blésid] 신성한, 축복 받은

November 06

장인이 온갖 것을 만들지라도 미련한 자를 고용하는 것은 지나가는 행인을 고용함과 같으니라
(잠 26:10)

Like an archer who wounds at random is he who hires a fool or any passer-by.
(Pr 26:10)

archer [á:rtʃər] 궁수　**random** [rǽndəm] 무작위의, 임의의
hire [haiər] 고용하다, 뽑다　**passerby** [pǽsərbái] 지나가는 사람

February 23

내가 여호와를 항상 내 앞에 모심이여
그가 나의 오른쪽에 계시므로
내가 흔들리지 아니하리로다
(시 16:8)

I have set the LORD always before me.
Because he is at my right hand,
I will not be shaken.
(Ps 16:8)

set [set] 놓다, 앉히다, 임명하다

November 05

여호와의 이름으로 오는 자가 복이 있음이여 우리가 여호와의 집에서 너희를 축복하였도다
(시 118:26)

Blessed is he who comes in the name of the LORD. From the house of the LORD we bless you.
(Ps 118:26)

blessed [blésid] 신성한, 축복받은

February 24

내 아들아 완전한 지혜와 근신을 지키고 이것들이 네 눈 앞에서 떠나지 말게 하라
(잠 3:21)

My son, preserve sound judgment and discernment, do not let them out of your sight.
(Pr 3:21)

judgment [dʒʌ́dʒmənt] 판단, 판단력 **discernment** [disə́:rnmənt, -zə́:rn-] 인식, 안목, 분별력

November 04

미련한 자의 어리석은 것을 따라
대답하지 말라 두렵건대
너도 그와 같을까 하노라
(잠 26:4)

Do not answer a fool according to his folly, or you will be like him yourself.
(Pr 26:4)

according [əkɔ́:rdiŋ] ~에 따라서(의해서)   **folly** [fáli] 어리석음

February 25

나는 의로운 중에 주의 얼굴을 뵈오리니 깰 때에 주의 형상으로 만족하리이다
(시 17:15)

And I – in righteousness I will see your face; when I awake, I will be satisfied with seeing your likeness.
(Ps 17:15)

awake [əwéik] 깨다 **satisfied** [sǽtisfàid] 만족한

November 03

여호와는 내 편이시라
내가 두려워하지 아니하리니
사람이 내게 어찌할까
(시 118:6)

The LORD is with me; I will not be afraid.
What can man do to me?
(Ps 118:6)

afraid [əfréid] 두려운

February 26

대저 여호와는 네가 의지할 이시니라
네 발을 지켜 걸리지 않게 하시리라
(잠 3:26)

For the LORD will be your confidence
and will keep your foot from being snared.
(Pr 3:26)

confidence [kánfədəns] 신뢰, 자신(감) **snare** [snɛər] 덫, 함정

November 02

자기의 마음을 제어하지 아니하는 자는 성읍이 무너지고 성벽이 없는 것과 같으니라
(잠 25:28)

Like a city whose walls are broken down is a man who lacks self-control.
(Pr 25:28)

lack [læk] 부족, ~이 없다, (~하기에)모자라다 **self-control** [self-kəntróul] 자제, 제어

February 27

내가 찬송 받으실 여호와께 아뢰리니
내 원수들에게서 구원을 얻으리로다
(시 18:3)

I call to the LORD, who is worthy of praise,
and I am saved from my enemies.
(Ps 18:3)

worthy [wɜːrði] 가치가 있는, ~할 만하다 **enemy** [enəmi] 적, 원수

November 01

우리에게 향하신 여호와의 인자하심이 크시고 여호와의 진실하심이 영원함이로다 할렐루야
(시 117:2)

For great is his love toward us, and the faithfulness of the LORD endures forever. Praise the LORD.
(Ps 117:2)

faithfulness [féiθfəlnis] 충실, 성실 **endure** [indjúər] 지속하다, 견디다, 참다

February 28

악인의 집에는
여호와의 저주가 있거니와
의인의 집에는 복이 있느니라
(잠 3:33)

The LORD's curse is on the house of the wicked, but he blesses the home of the righteous.
(Pr 3:33)

curse [kə:rs] 저주

October 31

네 원수가
배고파하거든 음식을 먹이고
목말라하거든 물을 마시게 하라
(잠 25:21)

If your enemy is hungry, give him food to eat; if he is thirsty, give him water to drink.
(Pr 25:21)

thirsty [θə́ːrsti] 목이 마르는, 갈증이 난

March 01

자기 허물을 능히 깨달을 자
누구리요 나를 숨은 허물에서
벗어나게 하소서
(시 19:12)

Who can discern his errors? Forgive my hidden faults.
(Ps 19:12)

discern [disə́ːrn, -zə́ːrn] 식별하다, 알아차리다 **forgive** [fərgív] 용서하다, (죄 등을)사하다

October 30

여호와는 은혜로우시며 의로우시며
우리 하나님은 긍휼이 많으시도다
(시 116:5)

The LORD is gracious and righteous; our God is full of compassion.
(Ps 116:5)

gracious [gréiʃəs] 상냥한, 우아한, 자비로운 **compassion** [kəmpǽʃən] 동정, 연민, 긍휼

March 02

악인의 삯은 허무하되
공의를 뿌린 자의 상은 확실하니라
(잠 11:18)

The wicked man earns deceptive wages,
but he who sows righteousness reaps
a sure reward.
(Pr 11:18)

deceptive [dɪseptɪv] 기만적인, 현혹하는 **reward** [rɪwɔːrd] 보상(하다)

October 29

너는 이웃과 다투거든 변론만 하고
남의 은밀한 일은 누설하지 말라
(잠 25:9)

If you argue your case with a neighbor, do not betray another man's confidence,
(Pr 25:9)

betray [bitréi] 배신하다, 누설하다   confidence [kánfədəns] 확신, 신임, 은밀한 일(비밀)

March 03

자비로운 자에게는
주의 자비로우심을 나타내시며
완전한 자에게는
주의 완전하심을 보이시며
(시 18:25)

To the faithful you show yourself faithful,
to the blameless you show yourself
blameless.
(Ps 18:25)

faithful [féiθfəl] 충실한, 신의 있는   **blameless** [bléimlis] 비난할 점이 없는, 죄가 없는

October 28

여호와께서 너희를 곧 너희와 너희의 자손을 더욱 번창하게 하시기를 원하노라
(시 115:14)

May the LORD make you increase, both you and your children.
(Ps 115:14)

increase [inkríːs] 늘리다, 증가하다 **children** [tʃíldrən] (child)의 복수, 아이들, 어린이

March 04

지혜를 버리지 말라
그가 너를 보호하리라
그를 사랑하라 그가 너를 지키리라
(잠 4:6)

Do not forsake wisdom, and she will protect you; love her, and she will watch over you.
(Pr 4:6)

forsake [fərséik] 저버리다, 버리다, 그만두다   **watch over** ~을 지키다, 보살피다

October 27

충성된 사자는 그를 보낸 이에게 마치 추수하는 날에 얼음 냉수 같아서 능히 그 주인의 마음을 시원하게 하느니라
(잠 25:13)

Like the coolness of snow at harvest time is a trustworthy messenger to those who send him; he refreshes the spirit of his masters.
(Pr 25:13)

coolness [kuːlnəs] 시원함 trustworthy [trʌstwɜːrði] 신뢰할 수 있는

March 05

깨끗한 자에게는 주의 깨끗하심을 보이시며 사악한 자에게는 주의 거스르심을 보이시리니
(시 18:26)

To the pure you show yourself pure, but to the crooked you show yourself shrewd.
(Ps 18:26)

pure [pjuər] 깨끗한 **crooked** [krúkid] 구부러진, 부정직한

October 26

슬기로운 자의 책망은 청종하는 귀에 금 고리와 정금 장식이니라
(잠 25:12)

Like an earring of gold or an ornament of fine gold is a wise man's rebuke to a listening ear.
(Pr 25:12)

ornament [ɔ́ːrnəmənt] 장신구, 장식 **rebuke** [ribjúːk] 힐책하다, 꾸짖다

March 06

**지혜가 제일이니 지혜를 얻으라
네가 얻은 모든 것을 가지고
명철을 얻을지니라**
(잠 4:7)

Wisdom is supreme; therefore get wisdom. Though it cost all you have, get understanding.
(Pr 4:7)

supreme [səpríːm] 최고의   **cost** [kɔːst] 비용, (비용·대가로서)들다

October 25

여호와를 경외하는 자들아 너희는 여호와를 의지하여라 그는 너희의 도움이시요 너희의 방패시로다
(시 115:11)

You who fear him, trust in the LORD -
he is their help and shield.
(Ps 115:11)

trust [trʌst] 신뢰, ~에 의지하다   **shield** [ʃiːld] 방패, 보호하다

March 07

하나님의 도는 완전하고
여호와의 말씀은 순수하니
그는 자기에게 피하는 모든 자의
방패시로다
(시 18:30)

As for God, his way is perfect; the word of the LORD is flawless. He is a shield for all who take refuge in him.
(Ps 18:30)

flawless [flɔ́:lis] 흠없는   **shield** [ʃi:ld] 방패, 보호하다

October 24

대저 의인은 일곱 번 넘어질지라도
다시 일어나려니와
악인은 재앙으로 말미암아
엎드러지느니라
(잠 24:16)

For though a righteous man falls seven times, he rises again, but the wicked are brought down by calamity.
(Pr 24:16)

righteous [raɪtʃəs] 옳은, 고결한 **calamity** [kəlæməti] 재난, 불행

March 08

내 아들아 들으라 내 말을 받으라
그리하면 네 생명의 해가 길리라
(잠 4:10)

Listen, my son, accept what I say,
and the years of your life will be many.
(Pr 4:10)

accept [æksépt] 받아들이다, 인정하다

October 23

**해 돋는 데에서부터 해 지는 데에까지
여호와의 이름이 찬양을 받으시리로다**
(시 113:3)

From the rising of the sun to the place where it sets, the name of the LORD is to be praised.
(Ps 113:3)

rising [ráiziŋ] 올라가는, 상승하는, 솟는, 떠오르는, 증가하는 **praise [preiz]** 칭송하다, 찬양하다

March 09

여호와의 교훈은 정직하여
마음을 기쁘게 하고
여호와의 계명은 순결하여
눈을 밝게 하시도다
(시 19:8)

The precepts of the LORD are right, giving joy to the heart. The commands of the LORD are radiant, giving light to the eyes.
(Ps 19:8)

precept [príːsept] 교훈　**command** [kəmǽnd] 명령　**radiant** [réidiənt] 빛나는, 밝은, 찬연한

October 22

너는 악인의 형통함을 부러워하지 말며 그와 함께 있으려고 하지도 말지어다
(잠 24:1)

Do not envy wicked men, do not desire their company.
(Pr 24:1)

envy [énvi] 부러워하다, 질투하다 **wicked** [wíkid] 사악한 **desire** [dizáiər] 바라다, 욕망

March 10

훈계를 굳게 잡아 놓치지 말고 지키라
이것이 네 생명이니라
(잠 4:13)

Hold on to instruction, do not let it go;
guard it well, for it is your life.
(Pr 4:13)

instruction [instrʌkʃən] 교훈

October 21

할렐루야, 여호와를 경외하며
그의 계명을 크게 즐거워하는 자는
복이 있도다

(시 112:1)

Praise the LORD. Blessed is the man who fears the LORD, who finds great delight in his commands.
(Ps 112:1)

blessed [blésid] 신성한, 축복 받은 **command** [kəmǽnd] 지휘하다, 명령(하다)

March 11

나의 반석이시요
나의 구속자이신 여호와여
내 입의 말과 마음의 묵상이
주님 앞에 열납되기를 원하나이다
(시 19:14)

May the words of my mouth and the meditation of my heart be pleasing in your sight, O LORD, my Rock and my Redeemer.
(Ps 19:14)

meditation [mèdətéiʃən] 묵상 **redeemer** [ridíːmər] 구세주, 예수 그리스도

October 20

내 아들아 꿀을 먹으라
이것이 좋으니라
송이꿀을 먹으라
이것이 네 입에 다니라
(잠 24:13)

Eat honey, my son, for it is good; honey from the comb is sweet to your taste.
(Pr 24:13)

comb [koʊm] 빗, 빗질, 벌집

March 12

모든 지킬 만한 것 중에
더욱 네 마음을 지키라
생명의 근원이 이에서 남이니라
(잠 4:23)

Above all else, guard your heart,
for it is the wellspring of life.
(Pr 4:23)

wellspring [welspriŋ] 원천, 근원, 샘

October 19

여호와께서 행하시는 일들이 크시오니 이를 즐거워하는 자들이 다 기리는도다
(시 111:2)

Great are the works of the LORD; they are pondered by all who delight in them.
(Ps 111:2)

ponder [pándər] 잘 생각하다, 숙고하다 **delight** [diláit] 기쁘게 하다, 즐겁게 하다

March 13

어떤 사람은 병거,
어떤 사람은 말을 의지하나
우리는 여호와 우리 하나님의
이름을 자랑하리로다
(시 20:7)

Some trust in chariots and some in horses,
but we trust in the name of the LORD
our God.
(Ps 20:7)

trust [trʌst] 신뢰하다, 의지하다 **chariot** [tʃǽriət] 병거, 마차(전차)

October 18

너를 낳은 아비에게 청종하고
네 늙은 어미를
경히 여기지 말지니라
(잠 23:22)

Listen to your father, who gave you life, and do not despise your mother when she is old.
(Pr 23:22)

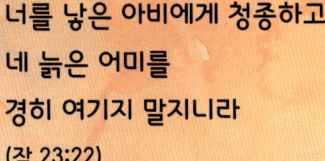

despise [dispáiz] 경멸하다, 멸시하다

March 14

**좌로나 우로나 치우치지 말고
네 발을 악에서 떠나게 하라**
(잠 4:27)

Do not swerve to the right or the left;
keep your foot from evil.
(Pr 4:27)

swerve [swəːrv] 방향을 바꾸다(틀다), 빗나가다

October 17

주의 권능의 날에 주의 백성이
거룩한 옷을 입고 즐거이 헌신하니
새벽 이슬 같은
주의 청년들이 주께 나오는도다
(시 110:3)

Your troops will be willing on your day of battle. Arrayed in holy majesty, from the womb of the dawn you will receive the dew of your youth.
(Ps 110:3)

troop [tru:p] 떼, 무리, 군대, 부대 **battle** [bǽtl] 전투, 싸움
receive [risíːv] 받다, 얻다 **dew** [djuː] 이슬

March 15

여호와여 주의 능력으로
높임을 받으소서
우리가 주의 권능을 노래하고
찬송하게 하소서
(시 21:13)

Be exalted, O LORD, in your strength;
we will sing and praise your might.
(Ps 21:13)

exalt [igzɔ́:lt] 높이다, 찬양(칭찬)하다 **might** [mait] 능력, 힘

October 16

술 취하고 음식을 탐하는 자는
가난하여질 것이요
잠 자기를 즐겨 하는 자는
해어진 옷을 입을 것임이니라
(잠 23:21)

For drunkards and gluttons become poor,
and drowsiness clothes them in rags.
(Pr 23:21)

drunkard [drʌ́ŋkərd] 술고래, 모주꾼   **drowsiness** [dráuzinis] 졸음, 기면 상태

March 16

대저 사람의 길은 여호와의 눈 앞에 있나니 그가 그 사람의 모든 길을 평탄하게 하시느니라
(잠 5:21)

For a man's ways are in full view of the LORD, and he examines all his paths.
(Pr 5:21)

examine [igzǽmin] 검토하다, 살펴보다 path [pæθ] 경로, 길, 방향

October 15

하나님이여 내 마음을 정하였사오니
내가 노래하며 나의 마음을 다하여
찬양하리로다
(시 108:1)

My heart is steadfast, O God; I will sing
and make music with all my soul.
(Ps 108:1)

steadfast [stedfæst] 확고한, 부동의   **soul** [soʊl] 영혼, 마음

March. 17

내가 날 때부터 주께 맡긴 바 되었고
모태에서 나올 때부터
주는 나의 하나님이 되셨나이다
(시 22:10)

From birth I was cast upon you;
from my mother's womb you have been
my God.
(Ps 22:10)

cast [kæst] 던지다, 맡기다 **womb** [wu:m] 자궁(uterus)

October 14

내 아들아 너는 듣고 지혜를 얻어
네 마음을 바른 길로 인도할지니라
(잠 23:19)

Listen, my son, and be wise, and keep
your heart on the right path.
(Pr 23:19)

heart [haːrt] 마음 **path** [pæθ] 길, 경로

March 18

게으른 자여 개미에게 가서
그가 하는 것을 보고 지혜를 얻으라
(잠 6:6)

Go to the ant, you sluggard;
consider its ways and be wise!
(Pr 6:6)

sluggard [slʌgərd] 게으름뱅이   **consider** [kənsídər] 고려하다, 주의하여 보다

October 13

여호와의 인자하심과
인생에게 행하신
기적으로 말미암아
그를 찬송할지로다
(시 107:8)

Let them give thanks to the LORD for his unfailing love and his wonderful deeds for men.
(Ps 107:8)

unfailing [ʌnfeɪlɪŋ] 무한한, 한결같은, 변함없는, 실망시키지 않는

March 19

너희가 일찍이 일어나고 늦게 누우며 수고의 떡을 먹음이 헛되도다 그러므로 여호와께서 그의 사랑하시는 자에게는 잠을 주시는도다
(시 127:2)

In vain you rise early and stay up late, toiling for food to eat for he grants sleep to those he loves.
(Ps 127:2)

vain [veɪn] 헛된, 소용없는   toil [tɔɪl] 힘들게 일하다, 노역

October 12

성실하게 행하는 자는
구원을 받을 것이나
굽은 길로 행하는 자는
곧 넘어지리라
(잠 28:18)

He whose walk is blameless is kept safe,
but he whose ways are perverse will
suddenly fall.
(Pr 28:18)

blameless [bléimlis] 나무랄 데 없는, 아무 죄도 없는 **perverse** [pərv3ːrs] 비뚤어진

March 20

게으른 자여

네가 어느 때까지 누워 있겠느냐

네가 어느 때에 잠이 깨어

일어나겠느냐

(잠 6:9)

How long will you lie there, you sluggard?
When will you get up from your sleep?
(Pr 6:9)

lie [lai] 눕다 **get up** 일어나다, 오르다, 기상하다

October 11

네 마음으로
죄인의 형통을 부러워하지 말고
항상 여호와를 경외하라
(잠 23:17)

Do not let your heart envy sinners, but always be zealous for the fear of the LORD.
(Pr 23:17)

sinner [sínər] 죄인   **zealous** [zéləs] 열광적인, 열심인

March 21

내 평생에 선하심과 인자하심이
반드시 나를 따르리니
내가 여호와의 집에 영원히 살리로다
(시 23:6)

Surely goodness and love will follow me
all the days of my life, and I will dwell
in the house of the LORD forever.
(Ps 23:6)

surely [ʃúərli] 반드시, 확실히   **dwell** [dwel] 살다, 거주하다

October 10

그의 거룩한 이름을 자랑하라
여호와를 구하는 자들은
마음이 즐거울지로다
(시 105:3)

Glory in his holy name; let the hearts of those who seek the LORD rejoice.
(Ps 105:3)

glory [glɔ́ːri] 영광 **holy** [hóuli] 신성한, 거룩한 **seek** [siːk] 찾다, 구하다

March 22

좀더 자자, 좀더 졸자,
손을 모으고 좀더 누워 있자 하면
네 빈궁이 강도 같이 오며
네 곤핍이 군사 같이 이르리라
(잠 6:10,11)

A little sleep, a little slumber, a little folding of the hands to rest and poverty will come on you like a bandit and scarcity like an armed man.
(Pr 6:10,11)

slumber [slʌmbər] 자다 **bandit** [bǽndit] 강도 **scarcity** [skɛ́ərsəti] 부족, 결핍

October 09

진리를 사되 팔지는 말며
지혜와 훈계와 명철도 그리할지니라
(잠 23:23)

Buy the truth and do not sell it; get wisdom, discipline and understanding.
(Pr 23:23)

discipline [dɪsəplɪn] 규율, 훈육

March 23

문들아 너희 머리를 들지어다
영원한 문들아 들릴지어다
영광의 왕이 들어가시리로다
(시 24:7)

Lift up your heads, O you gates; be lifted up, you ancient doors, that the King of glory may come in.
(Ps 24:7)

ancient [éinʃənt] 고대의, 오래된, 옛날의

October 08

내 아들아 만일 네 마음이 지혜로우면 나 곧 내 마음이 즐겁겠고
(잠 23:15)

My son, if your heart is wise, then my heart will be glad;
(Pr 23:15)

glad [glæd] 기쁜, 좋은

March 24

대저 명령은 등불이요 법은 빛이요
훈계의 책망은 곧 생명의 길이라
(잠 6:23)

For these commands are a lamp,
this teaching is a light, and the corrections
of discipline are the way to life.
(Pr 6:23)

correction [kərékʃən] 수정, 징계 **discipline** [dísəplin] 훈련, 훈계

October 07

나의 기도를 기쁘게 여기시기를 바라나니 나는 여호와로 말미암아 즐거워하리로다
(시 104:34)

May my meditation be pleasing to him, as I rejoice in the LORD.
(Ps 104:34)

meditation [mèdətéiʃən] 묵상   **pleasing** [plíːziŋ] 즐거운, 유쾌한

March 25

여호와는 나의 빛이요
나의 구원이시니
내가 누구를 두려워하리요
여호와는 내 생명의 능력이시니
내가 누구를 무서워하리요
(시 27:1)

The LORD is my light and my salvation – whom shall I fear? The LORD is the stronghold of my life – of whom shall I be afraid?
(Ps 27:1)

salvation [sælvéiʃən] 구원 **stronghold** [strɔːŋhoʊld] 성채, 요새, (특정 사상·신앙 등의)본거지

October 06

네가 자기의 일에 능숙한 사람을 보았느냐
이러한 사람은 왕 앞에 설 것이요
천한 자 앞에 서지 아니하리라
(잠 22:29)

Do you see a man skilled in his work?
He will serve before kings; he will not
serve before obscure men.
(Pr 22:29)

skilled [skild] 숙련된, 노련한 **obscure** [əbskjúər] 무명의, 불명료한, 모호한

March 26

어리석은 자들아
너희는 명철할지니라
미련한 자들아
너희는 마음이 밝을지니라
(잠 8:5)

You who are simple, gain prudence;
you who are foolish, gain understanding.
(Pr 8:5)

simple [símpl] 단순한, 어리석은 **prudence** [prúːdns] 신중, 현명함, 명철

October 05

여호와의 영광이 영원히 계속할지며 여호와는 자신께서 행하시는 일들로 말미암아 즐거워하시리로다
(시 104:31)

May the glory of the LORD endure forever; may the LORD rejoice in his works.
(Ps 104:31)

endure [indjúər] 견디다, 지속하다 **rejoice [ridʒɔ́is]** 기뻐하다, 환호하다

March 27

여호와여
내가 소리 내어 부르짖을 때에 들으시고
또한 나를 긍휼히 여기사 응답하소서
(시 27:7)

Hear my voice when I call, O LORD;
be merciful to me and answer me.
(Ps 27:7)

merciful [mə́ːrsifəl] 자비로운 **answer** [ǽnsər] 대답하다, 응답하다

October 04

너는 귀를 기울여
지혜 있는 자의 말씀을 들으며
내 지식에 마음을 둘지어다
(잠 22:17)

Pay attention and listen to the sayings of the wise; apply your heart to what I teach.
(Pr 22:17)

wise [waiz] 슬기로운, 지혜로운　**teach [tiːtʃ]** 가르치다, 알려주다

March 28

여호와를 경외하는 것은
악을 미워하는 것이라
나는 교만과 거만과 악한 행실과
패역한 입을 미워하느니라
(잠 8:13)

To fear the LORD is to hate evil; I hate pride and arrogance, evil behavior and perverse speech.
(Pr 8:13)

arrogance [ǽrəgəns] 거만 **perverse [pərvə́ːrs]** 괴팍한, 사악한

October 03

아버지가 자식을 긍휼히 여김 같이 여호와께서는 자기를 경외하는 자를 긍휼히 여기시나니
(시 103:13)

As a father has compassion on his children, so the LORD has compassion on those who fear him.
(Ps 103:13)

compassion [kəmpǽʃən] 동정, 연민 **fear** [fiər] 무서움, 두려움, 경외

March 29

주의 백성을 구원하시며 주의 산업에 복을 주시고 또 그들의 목자가 되시어 영원토록 그들을 인도하소서
(시 28:9)

Save your people and bless your inheritance; be their shepherd and carry them forever.
(Ps 28:9)

shepherd [ʃépərd] 목자, 목사, 양치기 **carry** [kǽri] 나르다, (사람을)가게 하다

October 02

**아이의 마음에는
미련한 것이 얽혔으나
징계하는 채찍이
이를 멀리 쫓아내리라**
(잠 22:15)

Folly is bound up in the heart of a child, but the rod of discipline will drive it far from him.
(Pr 22:15)

be bound up in ~에 열중하다, ~하느라 대단히 바쁘다 **rod [rɑd]** 막대기, 매

March 30

나를 사랑하는 자들이
나의 사랑을 입으며
나를 간절히 찾는 자가
나를 만날 것이니라
(잠 8:17)

I love those who love me, and those who seek me find me.
(Pr 8:17)

seek [siːk] 찾다 **find** [faind] 발견하다

October 01

여호와는
긍휼이 많으시고 은혜로우시며
노하기를 더디 하시고
인자하심이 풍부하시도다
(시 103:8)

The LORD is compassionate and gracious,
slow to anger, abounding in love.
(Ps 103:8)

compassionate [kəmpǽʃənət] 인정 많은, 가엾게 여기는 **abounding** [əbáundiŋ] 풍부한, 많은

March 31

**여호와께
그의 이름에 합당한 영광을 돌리며
거룩한 옷을 입고
여호와께 예배할지어다**
(시 29:2)

Ascribe to the LORD the glory due his name;
worship the LORD in the splendor of his
holiness.
(Ps 29:2)

ascribe [əskráib] ~에 돌리다 **splendor** [spléndər] 영광, 장관, 훌륭함, 빛남

September 30

마땅히 행할 길을 아이에게 가르치라
그리하면 늙어도
그것을 떠나지 아니하리라
(잠 22:6)

Train a child in the way he should go, and when he is old he will not turn from it.
(Pr 22:6)

train [trein] 훈련하다, 교육하다, 양성하다

April 01

거만한 자를 징계하는 자는
도리어 능욕을 받고
악인을 책망하는 자는
도리어 흠이 잡히느니라
(잠 9:7)

Whoever corrects a mocker invites insult;
whoever rebukes a wicked man incurs abuse.
(Pr 9:7)

correct [kərékt] 정정하다, 나무라다 **insult** [insʌ́lt] 모욕(하다)

September 29

여호와가 우리 하나님이신 줄 너희는
알지어다 그는 우리를 지으신 이요
우리는 그의 것이니 그의 백성이요
그의 기르시는 양이로다
(시 100:3)

Know that the LORD is God. It is he who made us, and we are his; we are his people, the sheep of his pasture.
(Ps 100:3)

sheep [ʃiːp] 양   **pasture** [pæstʃə(r)] 초원, 목초지

April 02

내가 형통할 때에 말하기를
영원히 흔들리지 아니하리라
하였도다
(시 30:6)

When I felt secure, I said, "I will never be shaken."
(Ps 30:6)

secure [sikjúər] 안전한, 안정된 **shaken** [ʃéikən] 흔들린, 동요한(**shake**의 과거분사형)

September 28

지혜로도 못하고, 명철로도 못하고 모략으로도 여호와를 당하지 못하느니라
(잠 21:30)

There is no wisdom, no insight, no plan that can succeed against the LORD.
(Pr 21:30)

wisdom [wízdəm] 지혜, 교훈 **against** [əgénst] ~에 반대하여, 대항하여

April 03

거만한 자를 책망하지 말라
그가 너를 미워할까 두려우니라
지혜 있는 자를 책망하라
그가 너를 사랑하리라
(잠 9:8)

Do not rebuke a mocker or he will hate you;
rebuke a wise man and he will love you.
(Pr 9:8)

rebuke [ribjúːk] 비난하다 **mocker** [mɑ́kər] 조롱하는 사람, 거만한 자

September 27

나는 비천한 것을 내 눈 앞에 두지 아니할 것이요 배교자들의 행위를 내가 미워하오리니 나는 그 어느것도 붙들지 아니하리이다

(시 101:3)

I will set before my eyes no vile thing. The deeds of faithless men I hate; they will not cling to me.
(Ps 101:3)

vile [vail] 비열한, 몹시 나쁜   **cling [kliŋ]** 매달리다, 착 들러붙다, 집착하다

April 04

여호와여 그러하여도
나는 주께 의지하고 말하기를
주는 내 하나님이시라 하였나이다
(시 31:14)

But I trust in you, O LORD; I say,
"You are my God."
(Ps 31:14)

trust [trʌst] 신뢰(하다), 믿다, ~에 의지하다

September 26

어떤 자는 종일토록 탐하기만 하나
의인은 아끼지 아니하고
베푸느니라
(잠 21:26)

All day long he craves for more, but the righteous give without sparing.
(Pr 21:26)

crave [kreiv] 갈망하다, 열망하다　**sparing [spέəriŋ]** 절약하는, 아끼는

April 05

지혜 있는 자에게 교훈을 더하라
그가 더욱 지혜로워질 것이요
의로운 사람을 가르치라
그의 학식이 더하리라
(잠 9:9)

Instruct a wise man and he will be wiser still; teach a righteous man and he will add to his learning.
(Pr 9:9)

instruct [instrʌkt] 가르치다, 지시하다   **add** [æd] 더하다

September 25

감사함으로 그의 문에 들어가며
찬송함으로 그의 궁정에 들어가서
그에게 감사하며
그의 이름을 송축할지어다
(시 100:4)

Enter his gates with thanksgiving and his courts with praise; give thanks to him and praise his name.
(Ps 100:4)

courts [kɔ:rt] 궁정　**praise** [preiz] 찬사, 칭송하다

April 06

너희 의인들아 여호와를 기뻐하며
즐거워할지어다
마음이 정직한 너희들아
다 즐거이 외칠지어다
(시 32:11)

Rejoice in the LORD and be glad, you righteous; sing, all you who are upright in heart!
(Ps 32:11)

rejoice [ridʒɔ́is] 기뻐하다, 환호하다

September 24

게으른 자의 욕망이
자기를 죽이나니
이는 자기의 손으로 일하기를
싫어함이니라
(잠 21:25)

The sluggard's craving will be the death of him, because his hands refuse to work.
(Pr 21:25)

sluggard [slʌgərd] 게으름뱅이, 빈둥거리는 **refuse** [rifjúːz] 거부하다, 거절하다

April 07

여호와를 경외하는 것이
지혜의 근본이요
거룩하신 자를 아는 것이
명철이니라
(잠 9:10)

The fear of the LORD is the beginning of wisdom, and knowledge of the Holy One is understanding.
(Pr 9:10)

wisdom [wízdəm] 지혜 **understanding [ʌ̀ndərstǽndiŋ]** 이해, 지식

September 23

너희는 여호와 우리 하나님을 높여
그의 발등상 앞에서 경배할지어다
그는 거룩하시도다
(시 99:5)

Exalt the LORD our God and worship at his footstool; he is holy.
(Ps 99:5)

exalt [igzɔ́:lt] 높이다, 찬양(칭찬)하다 **footstool** [fútstu:l] 발판, 발 얹는 대

April 08

**여호와의 말씀은 정직하며
그가 행하시는 일은
다 진실하시도다**
(시 33:4)

For the word of the LORD is right and true;
he is faithful in all he does.
(Ps 33:4)

faithful [feɪθfl] 충실한, 신앙인들

September 22

부지런한 자의 경영은
풍부함에 이를 것이나
조급한 자는
궁핍함에 이를 따름이니라
(잠 21:5)

The plans of the diligent lead to profit
as surely as haste leads to poverty.
(Pr 21:5)

diligent [dílədʒənt] 부지런한, 근면한   **profit** [práfit] 이익, 수익   **poverty** [pávərti] 가난, 빈곤

April 09

네가 만일 지혜로우면
그 지혜가 네게 유익할 것이나
네가 만일 거만하면
너 홀로 해를 당하리라
(잠 9:12)

If you are wise, your wisdom will reward you;
if you are a mocker, you alone will suffer.
(Pr 9:12)

reward [riwɔ́:rd] 가치가 있다　**suffer** [sʌfər] 고생하다(고생), 고통을 겪다

September 21

나팔과 호각 소리로
왕이신 여호와 앞에 즐겁게
소리칠지어다
(시 98:6)

With trumpets and the blast of the ram's horn - shout for joy before the LORD, the King.
(Ps 98:6)

trumpet [trʌmpit] 나팔, 트럼펫 **blast** [blæst] (특히 음악이)쾅쾅 울리다

April 10

여호와를 자기 하나님으로
삼은 나라 곧 하나님의 기업으로
선택된 백성은 복이 있도다
(시 33:12)

Blessed is the nation whose God is the LORD,
the people he chose for his inheritance.
(Ps 33:12)

nation [néiʃən] 국가, 민족 **inheritance** [inhérətəns] 유산, 상속

September 20

공의와 정의를 행하는 것은
제사 드리는 것보다
여호와께서 기쁘게 여기시느니라
(잠 21:3)

To do what is right and just is more acceptable to the LORD than sacrifice.
(Pr 21:3)

acceptable [ækséptəbl] 받아들일 만한, 만족스러운   **sacrifice** [sǽkrəfàis] 희생, 제물

April 11

여호와께서
의인의 영혼은 주리지 않게 하시나
악인의 소욕은 물리치시느니라
(잠 10:3)

The LORD does not let the righteous go hungry but he thwarts the craving of the wicked.
(Pr 10:3)

thwart [θwɔːrt] (남의)뜻하는 바를 방해하다, 훼방놓다   craving [kréiviŋ] 갈망

September 19

의인이여
너희는 여호와로 말미암아 기뻐하며
그의 거룩한 이름에 감사할지어다
(시 97:12)

Rejoice in the LORD, you who are righteous, and praise his holy name.
(Ps 97:12)

righteous [ráitʃəs] 옳은, 공정한, 정의의 **praise** [preiz] 칭찬하다, 찬사

April 12

여호와의 눈은 의인을 향하시고 그의 귀는 그들의 부르짖음에 기울이시는도다
(시 34:15)

The eyes of the LORD are on the righteous and his ears are attentive to their cry.
(Ps 34:15)

attentive [əténtiv] 경청하는, 주의 깊은, 친절한, 세심한

September 18

사람의 행위가
자기 보기에는 모두 정직하여도
여호와는 마음을 감찰하시느니라
(잠 21:2)

All a man's ways seem right to him, but the LORD weighs the heart.
(Pr 21:2)

right [rait] 옳은, 바른, 정당한 **weigh** [wei] 따져보다, 판단하다, 무게를 재다

April 13

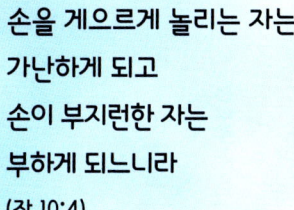

손을 게으르게 놀리는 자는
가난하게 되고
손이 부지런한 자는
부하게 되느니라
(잠 10:4)

Lazy hands make a man poor, but diligent hands bring wealth.
(Pr 10:4)

lazy [léizi] 게으른 **diligent** [dílədʒənt] 부지런한

September 17

아름답고 거룩한 것으로
여호와께 예배할지어다
온 땅이여 그 앞에서 떨지어다
(시 96:9)

Worship the LORD in the splendor of his holiness; tremble before him, all the earth.
(Ps 96:9)

worship [wə́ːrʃip] 예배, 흠모 **tremble** [trémbl] (몸을)떨다, 흔들리다, 떨리다

April 14

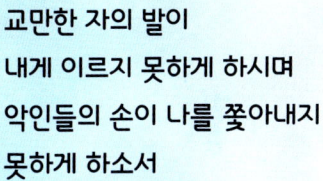

교만한 자의 발이
내게 이르지 못하게 하시며
악인들의 손이 나를 쫓아내지
못하게 하소서
(시 36:11)

May the foot of the proud not come against me, nor the hand of the wicked drive me away.
(Ps 36:11)

proud [praud] 거만한(**arrogant**) **drive away** 쫓아내다, 물리치다, 마음을 멀어지게 하다

September 16

사람의 영혼은 여호와의 등불이라
사람의 깊은 속을 살피느니라
(잠 20:27)

The lamp of the LORD searches the spirit of a man ; it searches out his inmost being.
(Pr 20:27)

search [sə:rtʃ] 수색하다, 찾다   **inmost** [ínmòust] 맨 안쪽의, 마음 깊은 곳의, 내심의

April 15

여름에 거두는 자는
지혜로운 아들이나
추수 때에 자는 자는
부끄러움을 끼치는 아들이니라
(잠 10:5)

He who gathers crops in summer is a wise son, but he who sleeps during harvest is a disgraceful son.
(Pr 10:5)

gather [gǽðər] 모으다, 수확하다   **harvest** [háːrvist] 수확(하다)   **disgraceful** [disgréisfəl] 수치스러운

September 15

존귀와 위엄이 그의 앞에 있으며
능력과 아름다움이
그의 성소에 있도다
(시 96:6)

Splendor and majesty are before him;
strength and glory are in his sanctuary.
(Ps 96:6)

majesty [mǽdʒəsti] 폐하, 위엄, 웅장함 **sanctuary** [sǽŋktʃuèri] 피난처, 성역

April 16

여호와 앞에 잠잠하고
참고 기다리라 자기 길이 형통하며
악한 꾀를 이루는 자 때문에
불평하지 말지어다
(시 37:7)

Be still before the LORD and wait patiently for him; do not fret when men succeed in their ways, when they carry out their wicked schemes.
(Ps 37:7)

patiently [péiʃəntli] 끈기 있게, 꾸준히, 인내심 있는 **fret** [fret] 초조하다, 안달하다

September 14

세상에 금도 있고 진주도 많거니와
지혜로운 입술이
더욱 귀한 보배니라
(잠 20:15)

Gold there is, and rubies in abundance,
but lips that speak knowledge are a rare
jewel.
(Pr 20:15)

abundance [əbʌndəns] 풍부하게, 다량으로   **rare** [rɛər] 드문, 진귀한

April 17

의인의 머리에는 복이 임하나
악인의 입은 독을 머금었느니라
(잠 10:6)

Blessings crown the head of the righteous,
but violence overwhelms the mouth of the
wicked.
(Pr 10:6)

violence [váiələns] 격렬, 맹렬함 **overwhelm** [òuvərhwélm] 압도하다

September 13

여호와께 노래하여
그의 이름을 송축하며
그의 구원을 날마다 전파할지어다
(시 96:2)

Sing to the LORD, praise his name;
proclaim his salvation day after day.
(Ps 96:2)

proclaim [proukléim] 선언하다, 선포하다   **salvation** [sælvéiʃən] (기독교에서)구원

April 18

여호와를 바라고 그의 도를 지키라
그리하면 네가 땅을 차지하게
하실 것이라 악인이 끊어질 때에
네가 똑똑히 보리로다
(시 37:34)

Wait for the LORD and keep his way.
He will exalt you to inherit the land;
when the wicked are cut off, you will see it.
(Ps 37:34)

exalt [igzɔ́:lt] (사람의 지위·명예 등을) 높이다 **inherit** [inhérit] 상속하다, 물려받다
wicked [wikid] 사악한, (the wicked) 악인

September 12

너는 잠자기를 좋아하지 말라
네가 빈궁하게 될까 두려우니라
네 눈을 뜨라
그리하면 양식이 족하리라
(잠 20:13)

Do not love sleep or you will grow poor;
stay awake and you will have food to
spare.
(Pr 20:13)

poor [puər] 가난한, 빈곤한 **spare** [spɛər] 남는, 여분의

April 19

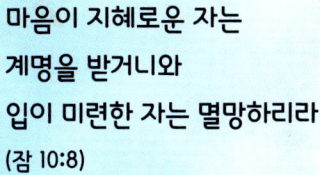

마음이 지혜로운 자는
계명을 받거니와
입이 미련한 자는 멸망하리라
(잠 10:8)

The wise in heart accept commands, but a chattering fool comes to ruin.
(Pr 10:8)

accept [æksépt] 받아들이다, 인정하다 **chattering** [tʃǽtəriŋ] 재잘거리는

September 11

여호와는 크신 하나님이시요
모든 신들보다
크신 왕이시기 때문이로다
(시 95:3)

For the LORD is the great God, the great King above all gods.
(Ps 95:3)

great [greit] 위대한, 큰, 좋은   **above** [əbʌv] 위에, 이상인, 하늘에

April 20

여호와여 나를 버리지 마소서
나의 하나님이여
나를 멀리하지 마소서
(시 38:21)

O LORD, do not forsake me; be not far from me, O my God.
(Ps 38:21)

forsake [fərséik] 저버리다, 버리다 **far** [fa:r] 멀리, 훨씬, 얼마만큼

September 10

심판은 거만한 자를 위하여
예비된 것이요
채찍은 어리석은 자의 등을
위하여 예비된 것이니라
(잠 19:29)

Penalties are prepared for mockers, and beatings for the backs of fools.
(Pr 19:29)

mocker [mákər] 비웃는 사람, 흉내내는 사람 **beating** [bíːtiŋ] 매질, 패배, 고동

April 21

바른 길로 행하는 자는
걸음이 평안하려니와
굽은 길로 행하는 자는 드러나리라
(잠 10:9)

The man of integrity walks securely, but he who takes crooked paths will be found out.
(Pr 10:9)

integrity [intégrəti] 고결, 정직, 완전한 상태   **crooked** [krúkid] 구부러진, 굽은

September 09

우리가 감사함으로 그 앞에 나아가며
시를 지어 즐거이 그를 노래하자
(시 95:2)

Let us come before him with thanksgiving
and extol him with music and song.
(Ps 95:2)

thanksgiving [θæŋksgívin] 감사의 표시, 감사의 축제 **extol** [ikstóul] 칭찬하다, 격찬하다

April 22

내가 여호와를 기다리고 기다렸더니
귀를 기울이사
나의 부르짖음을 들으셨도다
(시 40:1)

I waited patiently for the LORD;
he turned to me and heard my cry.
(Ps 40:1)

patiently [péiʃəntli] 끈기있게, 꾸준히

September 08

여호와를 경외하는 것은
사람으로 생명에 이르게 하는 것이라
경외하는 자는 족하게 지내고
재앙을 당하지 아니하느니라
(잠 19:23)

The fear of the LORD leads to life: Then
one rests content, untouched by trouble.
(Pr 19:23)

fear [fiər] 경외, 두려움 **untouched** [ʌntʌtʃt] 영향받지 않은, 손대지 않은
trouble [trʌbl] 문제, 곤란, 어려움

April 23

의인의 입은 생명의 샘이라도
악인의 입은 독을 머금었느니라
(잠 10:11)

The mouth of the righteous is a fountain of life, but violence overwhelms the mouth of the wicked.
(Pr 10:11)

fountain [fáuntən] 분수, 샘   **violence** [váiələns] 격렬, 폭력   **overwhelm** [òuvərhwélm] 압도하다

September 07

오라 우리가 여호와께 노래하며
우리의 구원의 반석을 향하여
즐거이 외치자
(시 95:1)

Come, let us sing for joy to the LORD;
let us shout aloud to the Rock of our
salvation.
(Ps 95:1)

shout [ʃaut] 소리지르다, 외치다 **aloud** [əláud] 소리내어, 큰 소리로, 뚜렷이

April 24

나의 하나님이여
내가 주의 뜻 행하기를 즐기오니
주의 법이 나의 심중에 있나이다
하였나이다
(시 40:8)

I desire to do your will, O my God;
your law is within my heart.
(Ps 40:8)

desire [dizáiər] 몹시 바라다   law [lɔː] 법

September 06

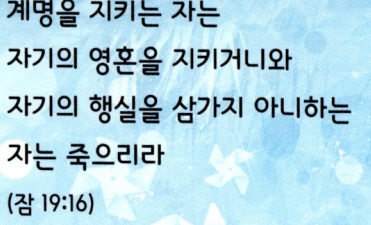

계명을 지키는 자는
자기의 영혼을 지키거니와
자기의 행실을 삼가지 아니하는
자는 죽으리라
(잠 19:16)

He who obeys instructions guards his life, but he who is contemptuous of his ways will die.
(Pr 19:16)

obey [oubéi] 복종하다, 따르다, 응하다 **contemptuous** [kəntémptʃuəs] 경멸적인, 업신여기는

April 25

미움은 다툼을 일으켜도
사랑은 모든 허물을 가리느니라
(잠 10:12)

Hatred stirs up dissension, but love covers over all wrongs.
(Pr 10:12)

hatred [héitrid] 증오, 미움 **stir up** ~을 일으키다 **dissension** [disénʃən] 불화, 싸움, 불일치

September 05

여호와는 나의 요새이시요
나의 하나님은
내가 피할 반석이시라
(시 94:22)

But the LORD has become my fortress, and my God the rock in whom I take refuge.
(Ps 94:22)

fortress [fɔ́:rtris] 요새, 요새지　**refuge** [réfju:dʒ] 피난, 도피

April 26

**하나님이여
사슴이 시냇물을 찾기에 갈급함 같이
내 영혼이 주를 찾기에 갈급하니이다**
(시 42:1)

As the deer pants for streams of water,
so my soul pants for you, O God.
(Ps 42:1)

pant [pænt] 갈망하다 **stream [stri:m]** 시내

September 04

사람이 미련하므로
자기 길을 굽게 하고
마음으로 여호와를 원망하느니라
(잠 19:3)

A man's own folly ruins his life, yet his heart rages against the LORD.
(Pr 19:3)

folly [fáli] 어리석음, 바보짓　**rage** [reidʒ] 격노, 몹시 화내다　**against** [əgénst] 반대로, 대항하여

April 27

명철한 자의 입술에는 지혜가 있어도
지혜 없는 자의 등을 위하여는
채찍이 있느니라
(잠 10:13)

Wisdom is found on the lips of the
discerning, but a rod is for the back of
him who lacks judgment.
(Pr 10:13)

discerning [disə́ːrniŋ] 총명한 **rod** [rad] (가느랗고 둥근)막대 **judgment** [dʒʌ́dʒmənt] 판단, 분별력

September 03

**여호와께서
내게 도움이 되지 아니하셨더면
내 영혼이 벌써 침묵 속에
잠겼으리로다**
(시 94:17)

Unless the LORD had given me help, I would soon have dwelt in the silence of death.
(Ps 94:17)

silence [sáiləns] 침묵, 묵념, 고요 **death** [deθ] 죽음, 사망

April 28

내 영혼아 네가 어찌하여 낙심하며
어찌하여 내 속에서 불안해 하는가
너는 하나님께 소망을 두라
(시 42:11)

Why are you downcast, O my soul?
Why so disturbed within me?
Put your hope in God.
(Ps 42:11)

downcast [dáunkæst] 고개를 숙인, 풀이 죽은
disturb [distə́ːrb] 방해하다, 어지럽히다, 불안하게 하다

September 02

사람의 마음의 교만은
멸망의 선봉이요
겸손은 존귀의 길잡이니라
(잠 18:12)

Before his downfall a man's heart is proud, but humility comes before honor.
(Pr 18:12)

downfall [daʊnfɔːl] 몰락, 파멸, 낙하   **humility** [hjuːmɪləti] 겸손

April 29

지혜로운 자는 지식을 간직하거니와
미련한 자의 입은 멸망에 가까우니라
(잠 10:14)

Wise men store up knowledge, but the
mouth of a fool invites ruin.
(Pr 10:14)

store up 비축하다, 저장하다 **ruin [rúːin]** 파멸(시키다), 몰락

September 01

내 속에 근심이 많을 때에 주의 위안이 내 영혼을 즐겁게 하시나이다
(시 94:19)

When anxiety was great within me, your consolation brought joy to my soul.
(Ps 94:19)

anxiety [æŋzaɪəti] 불안, 걱정거리 **consolation** [kɑːnsəleɪʃn] 위안

April 30

주의 빛과 주의 진리를 보내시어
나를 인도하시고
주의 거룩한 산과 주께서 계시는 곳에
이르게 하소서

(시 43:3)

Send forth your light and your truth, let them guide me; let them bring me to your holy mountain, to the place where you dwell.
(Ps 43:3)

send forth 내다(발하다), 방출하다   **guide** [gaɪd] 안내하다, 인도하다   **dwell** [dwel] 살다

August 31

노하기를 더디 하는 것이
사람의 슬기요
허물을 용서하는 것이
자기의 영광이니라
(잠 19:11)

A man's wisdom gives him patience; it is to his glory to overlook an offense.
(Pr 19:11)

patience [peıʃns] 참을성, 인내심 **over look** [oʊvərlʊk] 용서하다 **offense** [əfens] 위반, 죄

May 01

의인의 수고는 생명에 이르고
악인의 소득은 죄에 이르느니라
(잠 10:16)

The wages of the righteous bring them life, but the income of the wicked brings them punishment.
(Pr 10:16)

wage [weidʒ] 임금 **income** [ínkʌm] 수입 **punishment** [pʌ́niʃmənt] 형벌

August 30

귀를 지으신 이가 듣지 아니하시랴
눈을 만드신 이가 보지 아니하시랴
(시 94:9)

Does he who implanted the ear not hear?
Does he who formed the eye not see?
(Ps 94:9)

implant [implǽnt] 심다, 이식하다, 끼워넣다 **form** [fɔːrm] 형성하다, 만들다

May 02

이르시기를 너희는 가만히 있어 내가 하나님 됨을 알지어다
(시 46:10 :전반절)

Be still, and know that I am God.
(Ps 46:10)

still [stil] 조용한, 평온한, 가만히, 여전히

August 29

미련한 자는 명철을 기뻐하지 아니하고
자기의 의사를 드러내기만 기뻐하느니라
(잠 18:2)

A fool finds no pleasure in understanding
but delights in airing his own opinions.
(Pr 18:2)

understanding [ʌndərstǽndiŋ] 지식, 명철 **airing** [ɛ́əriŋ] (의견 등의)떠벌리기, (의견)발표

May 03

훈계를 지키는 자는 생명 길로 행하여도
징계를 버리는 자는 그릇 가느니라
(잠 10:17)

He who heeds discipline shows the way to life, but whoever ignores correction leads others astray.
(Pr 10:17)

heed [hiːd] 주의하다 **ignore** [ignɔ́ːr] 무시하다, 간과하다
astray [əstréi] 길을 잃은, 옳은 길에서 벗어난

August 28

여호와여
주의 증거들이 매우 확실하고
거룩함이 주의 집에 합당하니
여호와는 영원무궁하시리이다
(시 93:5)

Your statutes stand firm; holiness adorns
your house for endless days, O LORD.
(Ps 93:5)

statute [stǽtʃuːt] 법규, 규칙
adorn [ədɔ́ːrn] 꾸미다, 장식하다, ~의 아름다움을 돋보이게 하다

May 04

찬송하라 하나님을 찬송하라
찬송하라 우리 왕을 찬송하라
(시 47:6)

Sing praises to God, sing praises;
sing praises to our King, sing praises.
(Ps 47:6)

praise [preiz] 칭찬, 찬양(하다)

August 27

무리에게서 스스로 갈라지는 자는
자기 소욕을 따르는 자라
온갖 참 지혜를 배척하느니라
(잠 18:1)

An unfriendly man pursues selfish ends;
he defies all sound judgment.
(Pr 18:1)

unfriendly [ʌnfrendli] 비우호적인, 적대적인 **pursue** [pərsúː] 추구하다, 따르다

May 05

말이 많으면 허물을 면하기 어려우나
그 입술을 제어하는 자는
지혜가 있느니라

(잠 10:19)

When words are many, sin is not absent,
but he who holds his tongue is wise.
(Pr 10:19)

absent [ǽbsənt] 부재의, 없는 **tongue** [tʌŋ] 혀, 말

August 26

여호와의 정직하심과
나의 바위 되심과
그에게는 불의가 없음이
선포 되리로다
(시 92:15)

Proclaiming, "The LORD is upright; he is my Rock, and there is no wickedness in him."
(Ps 92:15)

proclaim [proukléim] 선언하다　**upright [Ʌpràit]** 정직한

May 06

이 하나님은
영원히 우리 하나님이시니
그가 우리를 죽을 때까지
인도하시리로다

(시 48:14)

For this God is our God for ever and ever;
he will be our guide even to the end.
(Ps 48:14)

for ever and ever 영원히, 언제까지나 **guide [gaid]** 안내하다, 인도하다

August 25

미련한 아들은 그 아비의 근심이 되고 그 어미의 고통이 되느니라
(잠 17:25)

A foolish son brings grief to his father and bitterness to the one who bore him.
(Pr 17:25)

grief [gri:f] 깊은 고뇌, 근심, 큰 슬픔 **bitterness** [bítərnis] 쓴맛, 괴로움, 비꼼

May 07

의인의 혀는 순은과 같거니와
악인의 마음은 가치가 적으니라
(잠 10:20)

The tongue of the righteous is choice silver,
but the heart of the wicked is of little value.
(Pr 10:20)

choice [tʃɔis] 상당히 질 좋은, 선택 **value** [vǽlju:] 가치

August 24

여호와여 주께서 행하신 일이
어찌 그리 크신지요
주의 생각이 매우 깊으시니이다
(시 92:5)

How great are your works, O LORD, how profound your thoughts!
(Ps 92:5)

profound [prəfáund] 뜻깊은

May 08

감사로 하나님께 제사를 드리며
지존하신 이에게 네 서원을 갚으며
(시 50:14)

Sacrifice thank offerings to God,
fulfill your vows to the Most High.
(Ps 50:14)

sacrifice [sǽkrəfàis] 제물, (신에게)산 제물을 바치는 일, 희생
fulfill [fulfíl] 다하다, 이행하다 **vow** [vau] 맹세, 서약, 서원

August 23

한 마디 말로
총명한 자에게 충고하는 것이
매 백 대로 미련한 자를
때리는 것보다 더욱 깊이 박히느니라
(잠 17:10)

A rebuke impresses a man of discernment
more than a hundred lashes a fool.
(Pr 17:10)

rebuke [ribjúːk] 꾸짖다, 비난하다   impress [imprés] ~에게 인상을 주다, 새겨넣다

May 09

의인의 입술은 여러 사람을 교육하나
미련한 자는 지식이 없어 죽느니라
(잠 10:21)

The lips of the righteous nourish many,
but fools die for lack of judgment.
(Pr 10:21)

nourish [nə́ːriʃ] 기르다, ~에 영양분을 주다, 키우다   **lack** [læk] 부족, 결여

August 22

아침에 주의 인자하심이
우리를 만족하게 하사
우리를 일생 동안
즐겁고 기쁘게 하소서
(시 90:14)

Satisfy us in the morning with your unfailing love, that we may sing for joy and be glad all our days.
(Ps 90:14)

satisfy [sǽtisfài] 만족시키다   **unfailing** [ʌnféiliŋ] 끊임 없는, 확실한

May 10

주의 얼굴을 내 죄에서 돌이키시고
내 모든 죄악을 지워 주소서
(시 51:9)

Hide your face from my sins and blot out
all my iniquity.
(Ps 51:9)

blot out 가리다, 지우다, 완전히 지워버리다 **iniquity** [iníkwəti] 부정, 죄

August 21

악을 행하는 자는 사악한 입술이 하는 말을 잘 듣고 거짓말을 하는 자는 악한 혀가 하는 말에 귀를 기울이느니라
(잠 17:4)

A wicked man listens to evil lips; a liar pays attention to a malicious tongue.
(Pr 17:4)

pay attention to ~에 주의를 기울이다　**malicious** [məlíʃəs] 악의 있는

May 11

여호와께서 주시는 복은
사람을 부하게 하고 근심을 겸하여
주지 아니하시느니라
(잠 10:22)

The blessing of the LORD brings wealth,
and he adds no trouble to it.
(Pr 10:22)

wealth [welθ] 부, 재물, 풍부, 번영 **trouble [trʌbl]** 근심, 불편

August 20

하늘이 주의 것이요
땅도 주의 것이라
세계와 그 중에 충만한 것을
주께서 건설하셨나이다
(시 89:11)

The heavens are yours, and yours also the earth; you founded the world and all that is in it.
(Ps 89:11)

found [faund] 설립하다, 세우다

May 12

어리석은 자는 그의 마음에 이르기를
하나님이 없다 하도다
그들은 부패하며 가증한 악을
행함이여 선을 행하는 자가 없도다
(시 53:1)

The fool says in his heart, "There is no God." They are corrupt, and their ways are vile; there is no one who does good.
(Ps 53:1)

corrupt [kərʌpt] 타락한, 부정한 **vile** [vail] 비열한, 몹시 나쁜

August 19

제비는 사람이 뽑으나 모든 일을 작정하기는 여호와께 있느니라
(잠 16:33)

The lot is cast into the lap, but its every decision is from the LORD.
(Pr 16:33)

lot [lat] 제비뽑기   **cast** [kæst] 던지다   **decision** [disíʒən] 결정, 판단

May 13

미련한 자는
행악으로 낙을 삼는 것 같이
명철한 자는 지혜로 낙을 삼느니라
(잠 10:23)

A fool finds pleasure in evil conduct,
but a man of understanding delights in
wisdom.
(Pr 10:23)

conduct [kándʌkt] 행위, 행동(하다) **delight** [diláit] 기쁨, 낙

August 18

여호와여
오직 내가 주께 부르짖었사오니
아침에 나의 기도가 주의 앞에
이르리이다
(시 88:13)

But I cry to you for help, O LORD; in the morning my prayer comes before you.
(Ps 88:13)

cry [krai] 부르짖다, 울다

May 14

하나님은 나를 돕는 이시며
주께서는 내 생명을 붙들어 주시는
이시니이다
(시 54:4)

Surely God is my help; the Lord is the one who sustains me.
(Ps 54:4)

sustain [səstéin] 지속하다, 떠받치다, 살아가게 하다, 지탱하다

August 17

겸손한 자와 함께 하여
마음을 낮추는 것이
교만한 자와 함께 하여
탈취물을 나누는 것보다 나으니라
(잠 16:19)

Better to be lowly in spirit and among the oppressed than to share plunder with the proud.
(Pr 16:19)

lowly [lóuli] 낮은 **oppress** [əprés] 억압하다, 학대하다 **plunder** [plʌndər] 약탈(하다), 강탈품

May 15

악인에게는 그의 두려워하는 것이 임하거니와 의인은 그 원하는 것이 이루어지느니라

(잠 10:24)

What the wicked dreads will overtake him; what the righteous desire will be granted.
(Pr 10:24)

dread [dred] 두려워하다, 두려움   desire [dizáiər] 몹시 바라다

August 16

나의 기도가 주 앞에 이르게 하시며
나의 부르짖음에
주의 귀를 기울여 주소서
(시 88:2)

May my prayer come before you; turn your ear to my cry.
(Ps 88:2)

prayer [prɛər] 기도

May 16

네 짐을 여호와께 맡기라
그가 너를 붙드시고
의인의 요동함을 영원히 허락하지
아니하시리로다
(시 55:22)

Cast your cares on the LORD and he will sustain you; he will never let the righteous fall.
(Ps 55:22)

cast [kæst] 던지다, 맡기다 **care** [kɛər] 걱정, 염려 **sustain** [səstéin] 떠받치다, 견디다

August 15

공평한 저울과 접시 저울은 여호와의 것이요 주머니 속의 저울추도 다 그가 지으신 것이니라
(잠 16:11)

Honest scales and balances are from the LORD; all the weights in the bag are of his making.
(Pr 16:11)

scale [skeil] 저울 **balance** [bǽləns] 저울 **weight** [weit] 저울추, 무게

May 17

회오리바람이 지나가면 악인은 없어져도 의인은 영원한 기초 같으니라
(잠 10:25)

When the storm has swept by, the wicked are gone, but the righteous stand firm forever.
(Pr 10:25)

sweep [swi:p] 쓸다, 휩쓸고 가다 firm [fə:rm] 굳은, 확고한, 변치않는

August 14

여호와여 주의 도를 내게 가르치소서
내가 주의 진리에 행하오리니
일심으로
주의 이름을 경외하게 하소서
(시 86:11)

Teach me your way, O LORD, and I will walk in your truth; give me an undivided heart, that I may fear your name.
(Ps 86:11)

undivided [ʌndɪvaɪdɪd] 나눌 수 없는 **fear** [fiər] 경외, 무서움

May 18

내가 아뢰는 날에
내 원수들이 물러가리니
이것으로 하나님이 내 편이심을
내가 아나이다
(시 56:9)

Then my enemies will turn back when I call for help. By this I will know that God is for me.
(Ps 56:9)

enemy [enəmi] 적, 장애물

August 13

사람이 마음으로 자기의 길을 계획할지라도 그의 걸음을 인도하시는 이는 여호와시니라
(잠 16:9)

In his heart a man plans his course, but the LORD determines his steps.
(Pr 16:9)

course [kɔːrs] 진로, 방향 **determine** [ditəːrmin] 결정하다

May 19

게으른 자는 그 부리는 사람에게 마치 이에 식초 같고 눈에 연기 같으니라
(잠 10:26)

As vinegar to the teeth and smoke to the eyes, so is a sluggard to those who send him.
(Pr 10:26)

vinegar [vínəgər] 식초 **sluggard** [slʌgərd] 게으름뱅이

August 12

주여 신들 중에 주와 같은 자 없사오며 주의 행하심과 같은 일도 없나이다
(시 86:8)

Among the gods there is none like you, O Lord; no deeds can compare with yours.
(Ps 86:8)

deed [diːd] 행위   **compare** [kəmpέər] 비교하다

May 20

하나님이여
주는 하늘 위에 높이 들리시며
주의 영광이 온 세계 위에
높아지기를 원하나이다
(시 57:11)

Be exalted, O God, above the heavens;
let your glory be over all the earth.
(Ps 57:11)

exalt [igzɔ́:lt] 높이다 **above** [əbʌ́v] ~보다 위에(로), ~보다 높게(은) (**over**)

August 11

사람의 행위가 여호와를 기쁘시게 하면
그 사람의 원수라도
그와 더불어 화목하게 하시느니라
(잠 16:7)

When a man's ways are pleasing to the LORD, he makes even his enemies live at peace with him.
(Pr 16:7)

pleasing [plíːziŋ] 좋은, 기쁜, 만족스러운 **enemy** [énəmi] 적 **peace** [piːs] 평화

May 21

의인의 소망은 즐거움을 이루어도
악인의 소망은 끊어지느니라
(잠 10:28)

The prospect of the righteous is joy, but the hopes of the wicked come to nothing.
(Pr 10:28)

prospect [prǽspekt] 전망, 가망   **come to nothing** 헛수고가 되다, 아무 소용도 없다

August 10

여호와여 주의 인자하심을
우리에게 보이시며
주의 구원을 우리에게 주소서
(시 85:7)

Show us your unfailing love, O LORD,
and grant us your salvation.
(Ps 85:7)

grant [grænt] 주다   **salvation** [sælvéiʃən] 구원

May 22

주께서 사랑하시는 자를 건지시기 위하여 주의 오른손으로 구원하시고 응답하소서
(시 60:5)

Save us and help us with your right hand, that those you love may be delivered.
(Ps 60:5)

deliver [dilívər] 구해내다, 건지다, 배달하다, 인도하다

August 09

너의 행사를 여호와께 맡기라 그리하면 네가 경영하는 것이 이루어지리라
(잠 16:3)

Commit to the LORD whatever you do, and your plans will succeed.
(Pr 16:3)

commit [kəmít] 맡기다   **succeed** [səksíːd] 성공하다

May 23

의인의 입술은 기쁘게 할 것을 알거늘
악인의 입은 패역을 말하느니라
(잠 10:32)

The lips of the righteous know what is fitting, but the mouth of the wicked only what is perverse.
(Pr 10:32)

fitting [fítiŋ] 적절한, 어울리는, 꼭 맞는   **perverse** [pərvə́ːrs] 괴팍한, 잘못된

August 08

주께 힘을 얻고
그 마음에 시온의 대로가 있는 자는
복이 있나이다
(시 84:5)

Blessed are those whose strength is in you, who have set their hearts on pilgrimage.
(Ps 84:5)

strength [streŋθ] 힘, 기운, 용기   **pilgrimage [pɪlgrɪmɪdʒ]** 순례, 성지 참배

May 24

주는 나의 피난처시요
원수를 피하는
견고한 망대이심이니이다
(시 61:3)

For you have been my refuge, a strong tower against the foe.
(Ps 61:3)

refuge [réfjuːdʒ] 피난처, 도피 **foe [fou]** 적, 원수

August 07

사람의 행위가 자기 보기에는
모두 깨끗하여도 여호와는
심령을 감찰하시느니라
(잠 16:2)

All a man's ways seem innocent to him,
but motives are weighed by the LORD.
(Pr 16:2)

innocent [ínəsənt] 때묻지 않은 **motive** [móutiv] 동기, 심령 **weigh** [wei] 무게를 재다, 평가하다

May 25

정직한 자의 성실은
자기를 인도하거니와
사악한 자의 패역은
자기를 망하게 하느니라

(잠 11:3)

The integrity of the upright guides them,
but the unfaithful are destroyed by their
duplicity.
(Pr 11:3)

integrity [intégrəti] 고결, 완전 **unfaithful [ʌnféiθfl]** 성실하지 않은
duplicity [dju:plísəti] 불성실, 이중성

August 06

주의 궁정에서의 한 날이
다른 곳에서의 천 날보다 나은즉
악인의 장막에 사는 것보다
내 하나님의 성전 문지기로 있는
것이 좋사오니
(시 84:10)

Better is one day in your courts than a
thousand elsewhere; I would rather be a
doorkeeper in the house of my God than
dwell in the tents of the wicked.
(Ps 84:10)

court [kɔːrt] 궁정, 앞마당 **doorkeeper** [dɔ́ːrkìːpər] 문지기

May 26

백성들아 시시로 그를 의지하고
그의 앞에 마음을 토하라
하나님은 우리의 피난처시로다(셀라)
(시 62:8)

Trust in him at all times, O people; pour out your hearts to him, for God is our refuge. (Selah)
(Ps 62:8)

pour [pɔːr] 따르다, 쏟다 **refuge** [réfjuːdʒ] 피난처, 도피

August 05

마음의 경영은 사람에게 있어도 말의 응답은 여호와께로부터 나오느니라
(잠 16:1)

To man belong the plans of the heart, but from the LORD comes the reply of the tongue.
(Pr 16:1)

belong [bilɔ́:ŋ] ~에 속하다 reply [riplái] 응답, 대답

May 27

완전한 자의 공의는
자기의 길을 곧게 하려니와
악한 자는 자기의 악으로 말미암아
넘어지리라
(잠 11:5)

The righteousness of the blameless makes a straight way for them, but the wicked are brought down by their own wickedness.
(Pr 11:5)

blameless [bléimlis] 비난할 점이 없는　**straight** [streit] 곧은, 직립의, 일관된

August 04

여호와의 이름을 찬양할지어다
그의 이름이 홀로 높으시며
그의 영광이
땅과 하늘 위에 뛰어나심이로다
(시 148:13)

Let them praise the name of the LORD,
for his name alone is exalted; his
splendor is above the earth and the
heavens.
(Ps 148:13)

exalted [ɪgzɔ́ːltɪd] 고귀한, 의기양양한   **splendor** [spléndər] 훌륭함, 영광

May 28

주의 인자하심이 생명보다 나으므로 내 입술이 주를 찬양할 것이라
(시 63:3)

Because your love is better than life, my lips will glorify you.
(Ps 63:3)

glorify [glɔ́:rəfài] ~을 찬미하다, 찬양하다, (신의)영광을 찬송하다

August 03

훈계 받기를 싫어하는 자는
자기의 영혼을 경히 여김이라
견책을 달게 받는 자는
지식을 얻느니라
(잠 15:32)

He who ignores discipline despises himself, but whoever heeds correction gains understanding.
(Pr 15:32)

discipline [dísəplin] 훈련   **despise** [dispáiz] 멸시하다   **heed** [hi:d] 주의를 기울이다, 조심하다

May 29

악인은 입으로
그의 이웃을 망하게 하여도
의인은 그의 지식으로 말미암아
구원을 얻느니라
(잠 11:9)

With his mouth the godless destroys his neighbor, but through knowledge the righteous escape.
(Pr 11:9)

destroy [distrɔ́i] 파괴하다 **through** [θruː] 통하여, 때문에
escape [iskéip, es-] 벗어나다, 탈출하다

August 02

하나님이여
일어나사 세상을 심판하소서
모든 나라가 주의 소유이기
때문이니이다
(시 82:8)

Rise up, O God, judge the earth, for all the nations are your inheritance.
(Ps 82:8)

judge [dʒʌdʒ] 판단하다, 심사하다   **inheritance** [inhérətəns] 상속, 소유

May 30

의인은
여호와로 말미암아 즐거워하며
그에게 피하리니
마음이 정직한 자는 다 자랑하리로다
(시 64:10)

Let the righteous rejoice in the LORD and take refuge in him; let all the upright in heart praise him!
(Ps 64:10)

rejoice [ridʒɔ́is] 기뻐하다 **refuge** [réfjuːdʒ] 피난처, 대피

August 01

의인의 마음은
대답할 말을 깊이 생각하여도
악인의 입은 악을 쏟느니라
(잠 15:28)

The heart of the righteous weighs its answers, but the mouth of the wicked gushes evil.
(Pr 15:28)

weigh [wei] 무게를 달다, 심사숙고하다　**gush [gʌʃ]** (액체, 말 등이) 세차게 쏟아져 나오다

May 31

두루 다니며 한담하는 자는
남의 비밀을 누설하나
마음이 신실한 자는
그런 것을 숨기느니라
(잠 11:13)

A gossip betrays a confidence, but a trustworthy man keeps a secret.
(Pr 11:13)

gossip [gásəp] 험담, 소문 **betray [bitréi]** 누설하다
trustworthy [trʌ́stwɜ̀:rði] 신뢰할 수 있는

July 31

가난한 자와 궁핍한 자를 구원하여
악인들의 손에서 건질지니라
하시는도다
(시 82:4)

Rescue the weak and needy; deliver them
from the hand of the wicked.
(Ps 82:4)

rescue [réskju:] 구원하다, 구조하다 **deliver** [dilívər] 구해내다, 배달하다, ~을 구출하다

June 01

하나님이여 내가 근심하는 소리를 들으시고 원수의 두려움에서 나의 생명을 보존하소서
(시 64:1)

Hear me, O God, as I voice my complaint; protect my life from the threat of the enemy.
(Ps 64:1)

complaint [kəmpleɪnt] 불평   **protect** [prətekt] 보호하다, 지키다

July 30

의논이 없으면 경영이 무너지고
지략이 많으면 경영이 성립하느니라
(잠 15:22)

Plans fail for lack of counsel, but with many advisers they succeed.
(Pr 15:22)

counsel [káunsəl] 의논, 조언 **adviser** [ædváizər] 충고자, 조언자

June 02

공의를 굳게 지키는 자는
생명에 이르고
악을 따르는 자는
사망에 이르느니라

(잠 11:19)

The truly righteous man attains life, but he who pursues evil goes to his death.
(Pr 11:19)

attain [ətéin] 얻다 **pursue** [pərsú:] 따라가다, 추구하다

July 29

내 백성이여 들으라
내가 네게 증언하리라
이스라엘이여 내게 듣기를 원하노라
(시 81:8)

Hear, O my people, and I will warn you--
if you would but listen to me, O Israel!
(Ps 81:8)

warn [wɔːrn] 경고하다

June 03

하나님이 바다를 변하여 육지가 되게 하셨으므로 무리가 걸어서 강을 건너고 우리가 거기서 주로 말미암아 기뻐하였도다
(시 66:6)

He turned the sea into dry land, they passed through the waters on foot come, let us rejoice in him.
(Ps 66:6)

rejoice [rɪdʒɔɪs] 크게 기뻐하다

July 28

채소를 먹으며 서로 사랑하는 것이 살진 소를 먹으며 서로 미워하는 것보다 나으니라
(잠 15:17)

Better a meal of vegetables where there is love than a fattened calf with hatred.
(Pr 15:17)

fatten [fǽtn] 살찌우다　**calf** [kæf] 송아지　**hatred** [héitrid] 미움, 증오

June 04

마음이 굽은 자는
여호와께 미움을 받아도
행위가 온전한 자는
그의 기뻐하심을 받느니라
(잠 11:20)

The LORD detests men of perverse heart
but he delights in those whose ways are
blameless.
(Pr 11:20)

detest [ditést] 몹시 미워하다 **perverse** [pərvə́ːrs] 괴팍한, 잘못된

July 27

우리는 주의 백성이요
주의 목장의 양이니
우리는 영원히 주께 감사하며
주의 영예를 대대에 전하리이다
(시 79:13)

Then we your people, the sheep of your pasture, will praise you forever; from generation to generation we will recount your praise.
(Ps 79:13)

pasture [pǽstʃər] 목장 **from generation to generation** 대대로, 계속해서

June 05

온 땅이 주께 경배하고 주를 노래하며 주의 이름을 노래하리이다 할지어다 (셀라)
(시 66:4)

All the earth bows down to you; they sing praise to you, they sing praise to your name." (Selah)
(Ps 66:4)

bow [baʊ] 절하다, (고개를)숙이다 (= bow down)

July 26

가산이 적어도 여호와를 경외하는 것이 크게 부하고 번뇌하는 것보다 나으니라
(잠 15:16)

Better a little with the fear of the LORD than great wealth with turmoil.
(Pr 15:16)

wealth [welθ] 부, 재산   **turmoil** [tə́ːrmɔil] 소란, 혼란

June 06

의인의 소원은 오직 선하나
악인의 소망은 진노를 이루느니라
(잠 11:23)

The desire of the righteous ends only in good, but the hope of the wicked only in wrath.
(Pr 11:23)

desire [dizáiər] 몹시 바라다 wrath [ræθ] 분노, 격노, 천벌

July 25

주께서는 경외 받을 이시니
주께서 한 번 노하실 때에
누가 주의 목전에 서리이까
(시 76:7)

You alone are to be feared. Who can stand before you when you are angry?
(Ps 76:7)

fear [fiər] 신에 대한 두려움, 경외

June 07

만민들아 우리 하나님을 송축하며 그의 찬양 소리를 들리게 할지어다
(시 66:8)

Praise our God, O peoples, let the sound of his praise be heard.
(Ps 66:8)

praise [preiz] 찬양하다 **let [let]** ~에게 ~시키다, ~하게 해주다

July 24

악인의 제사는
여호와께서 미워하셔도
정직한 자의 기도는
그가 기뻐하시느니라
(잠 15:8)

The LORD detests the sacrifice of the wicked, but the prayer of the upright pleases him.
(Pr 15:8)

detest [ditést] 몹시 미워하다 **sacrifice** [sǽkrəfàis] 제사

June 08

흩어 구제하여도
더욱 부하게 되는 일이 있나니
과도히 아껴도 가난하게 될 뿐이니라
(잠 11:24)

One man gives freely, yet gains even more; another withholds unduly, but comes to poverty.
(Pr 11:24)

withhold [wiðhóuld] 억제하다, 보류하다 **unduly** [ʌndú:li] 지나치게 **poverty** [pávərti] 빈곤, 가난

July 23

하늘에서는
주 외에 누가 내게 있으리요
땅에서는
주 밖에 내가 사모할 이 없나이다
(시 73:25)

Whom have I in heaven but you? And earth has nothing I desire besides you.
(Ps 73:25)

desire [dizáiər] 몹시 바라다   besides [bisáidz] ~말고는, ~을 제외하고

June 09

내가 나의 입으로
그에게 부르짖으며
나의 혀로 높이 찬송하였도다
(시 66:17)

I cried out to him with my mouth; his praise was on my tongue.
(Ps 66:17)

tongue [tʌŋ] 혀, 언어

July 22

여호와의 눈은 어디서든지 악인과 선인을 감찰하시느니라
(잠 15:3)

The eyes of the LORD are everywhere, keeping watch on the wicked and the good.
(Pr 15:3)

watch [watʃ] 지켜보다   wicked [wíkid] 사악한

June 10

구제를 좋아하는 자는 풍족하여질 것이요 남을 윤택하게 하는 자는 자기도 윤택하여지리라
(잠 11:25)

A generous man will prosper; he who refreshes others will himself be refreshed.
(Pr 11:25)

generous [dʒénərəs] 아끼지 않는, 관대한　**refresh** [rifréʃ] 상쾌하게 하다

July 21

**내가 항상 주와 함께 하니
주께서 내 오른손을 붙드셨나이다**
(시 73:23)

Yet I am always with you; you hold me by my right hand.
(Ps 73:23)

always [ɔ:lweɪz] 늘, 언제나   hold [hould] 붙잡다

June 11

내가 나의 마음에 죄악을 품었더라면 주께서 듣지 아니하시리라
(시 66:18)

If I had cherished sin in my heart, the Lord would not have listened.
(Ps 66:18)

cherish [tʃériʃ] 품다 sin [sin] 죄, 죄를 짓다

July 20

지혜 있는 자의 혀는
지식을 선히 베풀고
미련한 자의 입은
미련한 것을 쏟느니라
(잠 15:2)

The tongue of the wise commends knowledge, but the mouth of the fool gushes folly.
(Pr 15:2)

commend [kəménd] 권하다 **gush** [gʌʃ] (액체·말 등이)세차게 쏟아져 나오다

June 12

선을 간절히 구하는 자는
은총을 얻으려니와 악을 더듬어
찾는 자에게는 악이 임하리라
(잠 11:27)

He who seeks good finds goodwill, but evil comes to him who searches for it.
(Pr 11:27)

goodwill [gúdwìl] 호의, 친절

July 19

홀로 기이한 일들을 행하시는
여호와 하나님
곧 이스라엘의 하나님을 찬송하며
(시 72:18)

Praise be to the LORD God, the God of Israel, who alone does marvelous deeds.
(Ps 72:18)

marvelous [máːrvələs] 놀라운, 기묘한 **deed** [diːd] 행위, 업적

June 13

땅이 그의 소산을 내어 주었으니 하나님 곧 우리 하나님이 우리에게 복을 주시리로다
(시 67:6)

Then the land will yield its harvest, and God, our God, will bless us.
(Ps 67:6)

yield [ji:ld] (수익·결과·농작물 등을)내다 **harvest** [hɑ:rvɪst] 수확, 수확물

July 18

유순한 대답은 분노를 쉬게 하여도
과격한 말은 노를 격동하느니라
(잠 15:1)

A gentle answer turns away wrath, but a harsh word stirs up anger.
(Pr 15:1)

wrath [ræθ] 분노 **harsh** [hɑːrʃ] 거친, 과격한 **stirs up** ~을 일으키다

June 14

미련한 자는 당장 분노를 나타내거니와
슬기로운 자는 수욕을 참느니라
(잠 12:16)

A fool shows his annoyance at once, but a prudent man overlooks an insult.
(Pr 12:16)

annoyance [ənɔ́iəns] 짜증, 성가심, 곤혹, 괴로움   **at once** 한번에, 즉시, 바로, 곧

July 17

우리에게 여러 가지 심한 고난을 보이신 주께서 우리를 다시 살리시며 땅 깊은 곳에서 다시 이끌어 올리시리이다
(시 71:20)

Though you have made me see troubles, many and bitter, you will restore my life again; from the depths of the earth you will again bring me up.
(Ps 71:20)

restore [rɪstɔː(r)] 회복시키다, 되찾게 하다   **depth** [depθ] 깊이

June 15

하나님이 우리에게 복을 주시리니
땅의 모든 끝이
하나님을 경외하리로다
(시 67:7)

God will bless us, and all the ends of the earth will fear him.
(Ps 67:7)

bless [bles] 축복하다 **fear** [fiər] 무서움, 근심, 경외(하다)

July 16

가난한 사람을 학대하는 자는
그를 지으신 이를 멸시하는 자요
궁핍한 사람을 불쌍히 여기는 자는
주를 공경하는 자니라
(잠 14:31)

He who oppresses the poor shows contempt for their Maker, but whoever is kind to the needy honors God.
(Pr 14:31)

oppress [əprés] 억압하다, 학대하다   **contempt** [kəntémpt] 경멸, 멸시

June 16

**칼로 찌름 같이
함부로 말하는 자가 있거니와
지혜로운 자의 혀는
양약과 같으니라**
(잠 12:18)

Reckless words pierce like a sword, but the tongue of the wise brings healing.
(Pr 12:18)

reckless [réklis] 무모한, 무분별한 **pierce** [piərs] 꿰뚫다, 관통하다

July 15

내가 측량할 수 없는 주의 공의와 구원을 내 입으로 종일 전하리이다
(시 71:15)

My mouth will tell of your righteousness, of your salvation all day long, though I know not its measure.
(Ps 71:15)

salvation [sælvéiʃən] 구원 **measure** [méʒə(r)] 측정하다

June 17

의인은 기뻐하여 하나님 앞에서
뛰놀며 기뻐하고 즐거워 할지어다
(시 68:3)

But may the righteous be glad and rejoice before God; may they be happy and joyful.
(Ps 68:3)

righteous [ráitʃəs] 바른, 정의, 고결한 사람, 의인   **rejoice** [ridʒɔ́is] 기뻐하다

July 14

**여호와를 경외하는 것은
생명의 샘이니
사망의 그물에서 벗어나게 하느니라**
(잠 14:27)

The fear of the LORD is a fountain of life,
turning a man from the snares of death.
(Pr 14:27)

fountain [fáuntən] 분수, 샘   snare [snɛər] 덫, 올가미

June 18

부지런한 자의 손은
사람을 다스리게 되어도
게으른 자는 부림을 받느니라
(잠 12:24)

Diligent hands will rule, but laziness ends in slave labor.
(Pr 12:24)

diligent [dílədʒənt] 부지런한 **laziness** [leɪzinés] 게으름, 나태함

July 13

주를 찬송함과 주께 영광 돌림이 종일토록 내 입에 가득하리이다
(시 71:8)

My mouth is filled with your praise, declaring your splendor all day long.
(Ps 71:8)

fill [fil] 채우다, 가득차다 **declare** [dikléər] 선언하다, 단언하다

June 19

하나님의 병거는 천천이요 만만이라
주께서 그 중에 계심이
시내 산 성소에 계심 같도다
(시 68:17)

The chariots of God are tens of thousands and thousands of thousands; the Lord has come from Sinai into his sanctuary.
(Ps 68:17)

chariot [tʃǽriət] 병거, 전차(마차)　**sanctuary** [sǽŋktʃuèri] 신성한 장소, 성소, 안식처

July 12

이웃을 업신여기는 자는 죄를 범하는 자요 빈곤한 자를 불쌍히 여기는 자는 복이 있는 자니라
(잠 14:21)

He who despises his neighbor sins, but blessed is he who is kind to the needy.
(Pr 14:21)

despise [dispáiz] 경멸하다, 얕보다   sin [sin] 죄, 죄를 짓다

June 20

게으른 자는 그 잡을 것도 사냥하지 아니하나니 사람의 부귀는 부지런한 것이니라
(잠 12:27)

The lazy man does not roast his game, but the diligent man prizes his possessions.
(Pr 12:27)

roast [roust] 굽다 **possession** [pəzéʃən] 소유, 재산, 부

July 11

주 여호와여 주는 나의 소망이시요 내가 어릴 때부터 신뢰한 이시라
(시 71:5)

For you have been my hope, O Sovereign LORD, my confidence since my youth.
(Ps 71:5)

sovereign [sάvərin] 최고의   **confidence** [kάnfədəns] 확신, 신임

June 21

날마다 우리 짐을 지시는 주
곧 우리의 구원이신 하나님을
찬송할지로다 (셀라)
(시 68:19)

Praise be to the Lord, to God our Savior,
who daily bears our burdens. (Selah)
(Ps 68:19)

bear [bɛər] (비용·책임 등을)지다, 견디다 **burden** [bə́ːrdn] 짐, 부담

July 10

어리석은 자는
어리석음으로 기업을 삼아도
슬기로운 자는
지식으로 면류관을 삼느니라
(잠 14:18)

The simple inherit folly, but the prudent are crowned with knowledge.
(Pr 14:18)

inherit [inhérit] 물려받다 **prudent [prúːdnt]** 현명한, 신중한

June 22

입을 지키는 자는
자기의 생명을 보전하나
입술을 크게 벌리는 자에게는
멸망이 오느니라

(잠 13:3)

He who guards his lips guards his life,
but he who speaks rashly will come to ruin.
(Pr 13:3)

guard [gaːrd] 지키다 **rashly** [ræʃli] 무모하게도, 경솔히

July 09

나의 하나님이여
나를 악인의 손 곧 불의한 자와
흉악한 자의 장중에서
피하게 하소서
(시 71:4)

Deliver me, O my God, from the hand of the wicked, from the grasp of evil and cruel men.
(Ps 71:4)

grasp [græsp] 꽉 잡다, 움켜잡다, 파악하다 **cruel [krúːəl]** 잔혹한

June 23

너희는 하나님께 능력을 돌릴지어다
그의 위엄이 이스라엘 위에 있고
그의 능력이 구름 속에 있도다
(시 68:34)

Proclaim the power of God, whose majesty is over Israel, whose power is in the skies.
(Ps 68:34)

proclaim [prəkleɪm] 선언하다, 공공연히 찬양하다　**majesty** [mædʒəsti] 위엄

July 08

거만한 자는
지혜를 구하여도 얻지 못하거니와
명철한 자는
지식 얻기가 쉬우니라
(잠 14:6)

The mocker seeks wisdom and finds none, but knowledge comes easily to the discerning.
(Pr 14:6)

knowledge [nάlidʒ] 지식   **discerning** [disə́ːrniŋ] 통찰력 있는

June 24

게으른 자는 마음으로 원하여도
얻지 못하나
부지런한 자의 마음은
풍족함을 얻느니라
(잠 13:4)

The sluggard craves and gets nothing,
but the desires of the diligent are fully
satisfied.
(Pr 13:4)

sluggard [slʌgərd] 게으름뱅이 **crave** [kreiv] 간청하다, 갈망하다

July 07

주는 나의 도움이시요 나를 건지시는 이시오니 여호와여 지체하지 마소서
(시 70:5 후반절)

You are my help and my deliverer; O LORD, do not delay.
(Ps 70:5)

deliverer [dilívərər] 구조자, 해방자, 배달자 **delay** [diléi] 미루다, 늦추다

June 25

하나님이여 나를 구원하소서 물들이 내 영혼에까지 흘러 들어왔나이다
(시 69:1)

Save me, O God, for the waters have come up to my neck.
(Ps 69:1)

save [seiv] (죽음·손상·손실 등에서)구하다, (돈을)모으다

July 06

미련한 자는 교만하여
입으로 매를 자청하고
지혜로운 자의 입술은
자기를 보전하느니라

(잠 14:3)

A fool's talk brings a rod to his back,
but the lips of the wise protect them.
(Pr 14:3)

rod [rad] 회초리, 막대기 **protect** [prətékt] 보호하다, 지키다

June 26

스스로 부한 체하여도
아무 것도 없는 자가 있고
스스로 가난한 체하여도
재물이 많은 자가 있느니라
(잠 13:7)

One man pretends to be rich, yet has nothing; another pretends to be poor, yet has great wealth.
(Pr 13:7)

pretend [priténd] ~인 체하다 **wealth [welθ]** 부, 재물

July 05

나는 가난하고 궁핍하오니
하나님이여 속히 내게 임하소서
(시 70:5 전반절)

Yet I am poor and needy; come quickly to me, O God.
(Ps 70:5)

needy [níːdi] 궁핍한

June 27

나를 수렁에서 건지사 빠지지 말게
하시고 나를 미워하는 자에게서와
깊은 물에서 건지소서
(시 69:14)

Rescue me from the mire, do not let me sink;
deliver me from those who hate me, from the
deep waters.
(Ps 69:14)

rescue [réskju:] 구조하다, 구출하다 **mire [maiər]** 수렁, 진창, 빠뜨리다
sink [siŋk] 빠지다, 가라앉다

July 04

지혜로운 자와 동행하면 지혜를 얻고
미련한 자와 사귀면 해를 받느니라
(잠 13:20)

He who walks with the wise grows wise,
but a companion of fools suffers harm.
(Pr 13:20)

companion [kəmpǽnjən] 친구, 동료　**suffer** [sʌ́fər] 겪다, 입다　**harm** [ha:rm] 해, 손해

June 28

교만에서는 다툼만 일어날 뿐이라 권면을 듣는 자는 지혜가 있느니라
(잠 13:10)

Pride only breeds quarrels, but wisdom is found in those who take advice.
(Pr 13:10)

breed [briːd] 일으키다, 만들어내다, 낳다 **quarrel** [kwɔ́ːrəl] 말다툼, 언쟁, 싸움, 불화

July 03

내가 모태에서부터 주를 의지하였으며
나의 어머니의 배에서부터
주께서 나를 택하셨사오니
나는 항상 주를 찬송하리이다
(시 71:6)

From birth I have relied on you; you brought me forth from my mother's womb. I will ever praise you.
(Ps 71:6)

from birth 날 때부터 **rely on** ~에 의지하다

June 29

여호와여 주의 인자하심이 선하시오니 내게 응답하시며 주의 많은 긍휼에 따라 내게로 돌이키소서
(시 69:16)

Answer me, O LORD, out of the goodness of your love; in your great mercy turn to me.
(Ps 69:16)

answer [ǽnsər] 대답하다, 응답하다　**mercy** [mə́ːrsi] 자비, 긍휼

July 02

무릇 슬기로운 자는
지식으로 행하거니와
미련한 자는 자기의 미련한 것을
나타내느니라

(잠 13:16)

Every prudent man acts out of knowledge, but a fool exposes his folly.
(Pr 13:16)

act [ækt] 행동하다, 연기하다, 행위   **expose** [ɪkspoʊz] 드러내다

June 30

말씀을 멸시하는 자는
자기에게 패망을 이루고
계명을 두려워하는 자는
상을 받느니라
(잠 13:13)

He who scorns instruction will pay for it, but he who respects a command is rewarded.
(Pr 13:13)

scorn [skɔːrn] 경멸하다 instruction [instrʌkʃən] 교훈 respect [rispékt] 존중하다, 중요시하다

July 01

내 영혼에게 가까이하사 구원하시며
내 원수로 말미암아 나를 속량하소서
(시 69:18)

Come near and rescue me; redeem me because of my foes.
(Ps 69:18)

rescue [réskju:] 구조하다, 구출하다   redeem [ridí:m] 구해내다, 속죄하다